JN010291

めざせ、命日が定年

終わり笑えばすべてよし

弘兼憲史

GENTOSHA

はじめに

弘兼憲史、72歳の遺書を書きました

僕は死ぬ時に「あれをやっておけばよかった。これをやっておけばよかった」と後悔することだけは絶対にイヤです。仕事も遊びもやりたいことはすべてやる。そのための努力は惜しまないという一心で生きてきました。

72歳になった今も、その考えは変わりません。大好きな漫画を描きながら、命尽きるまで生涯現役で生きることを楽しんでやろうと思っています。「命日が僕の定年だ！」と心に決めているのです。

でも、これは今やそれほど特別なことでもありません。生涯現役は徐々に当たり前になりつつあります。事実、政府は「人生100年時代」を標榜し、定年や年金受給年齢を引き上げ、高齢になっても働くことを国民に推奨し始めています。

まじめに勤め上げれば、老後は年金と退職金で悠々自適に暮らせる。そう信じて生きてきた世代にとっては辛い現実かもしれませんが、今後は定年も老後もなく、生涯現役で生きざるをえない、まさに「命日が定年」の時代になりつつあるのです。

でも、悲観的に考えることはありません。

なぜなら、定年して出世も社会的地位も手放した今こそ、本当の自分、あるがままの自分に立ち返ることができるはずだからです。

人生はあるがままに生きて初めて輝きます。定年したらもう人生は終わったも同然だと考える人もいますが、それは違います。本当の人生は、むしろ定年後に始まると言っても過言ではありません。晴れて定年を迎えればこそ、自分本来の生を謳歌し、「命日が定年」をめざして新たな人生のスタートを切れるのです。

ただ、そのためにはこれまでの自分のやり方を少し変える必要もあります。

あるがままと言っても、わがままが過ぎれば誰からも相手にされなくなり、困ったことになりかねません。かといって周囲の顔色ばかりうかがっていては、せっかく手に入れた自分らしく生きるチャンスを台無しにしてしまいます。

我を張りすぎず、されど「人は人、自分は自分」で悠々とおおらかに生きるには、ちょっとしたコツがいるのです。

本書では、僕なりに考えたそのコツをお伝えします。

年をとれば、お金や健康や孤独に対する不安も募ります。自分ではどうにもならない悩みも増えてきます。そんな不安や悩みをどう捉えればいいか、そのヒントとなるものの見方、考え方も提案しました。

僕は生来の楽天家なので、「そんなアホな」と言われそうな話も登場しますが（笑）、そんな極楽とんぼみたいな僕の生き方が、みなさんの不安や悩みを吹っ飛ばすお手伝いができると信じています。

この本は、定年を迎えた人はもちろん、団塊世代の仲間たち、今働き盛りの人、そろそろ定年が視野に入ってきている50代の人にもぜひお読みいただきたいと願って書きました。参考になるところが一つでもあれば嬉しい限りです。

本書は、72歳の今の僕の、いつわらざるエンディング・ノート（遺書）です。

令和二年　弘兼憲史

めざせ、命日が定年　目次

はじめに　弘兼憲史、72歳の遺書を書きました……003

第1章　「なりゆきまかせ」で、いいじゃない

「老いる」もりっぱな成長である……014
必死に働いて何が悪い……018
老いても歩けば棒に当たる！……022
「人生計画」より「明日の締切」……026

「自腹を切る」覚悟で生きてみよう　030
面倒臭いから、怒らない　034
晩節を汚す人、汚さない人　038
「水が流れるように」生きる　042
「失敗してもいいや！」で振り切ってみよう　046
人生、謝るが勝ち　050

第2章 世間体なんか、捨てていい

病院で死ぬより「野垂れ死に」したい　056
安楽死、僕は大賛成　060
「マイナス思考」のお年寄りたち　064
「一人は気の毒」なんて思い込み　068

「月収1万」で生きるサバイバル魂 072
活気があったほうが怠けずに済む 076
「人間観察」をライフワークに 080
「貧乏性」でいこう 084
健康の素は「買い物、シャワー、スクワット」 088
ストレスを溜めないコツは「まあ、いいか」 092
お墓は本当に「どうでもいい」 096

第3章 「身勝手山」から、下りるべし

最後に笑うのは「謙虚な」お年寄り 102
「家庭内一人暮らし」のすすめ 106
「集団の中の孤独」は悪くない 110

「一言居士」は嫌われる　114
「気使い」したほうが気持ちよく生きられる　118
いらないものは、じゃんじゃん捨てる　122
恋愛は「最後」までいかなくていい　126
誘い文句は「ラーメン食べに行こう」　130
「テキトー男」になっても嘘はつかない　134
「うつ」が出るのも、ちょっと楽しみ　138

第4章　「やらせてください」の心で生きる

料理はやりがいのある「仕事」になる　144
健康な体は「料理」で作れ　148
車はただの機械、手放すことを恐れない　152

「コミュニケーショングループ」を楽しもう　156
「大人の修学旅行」を企画しよう　160
冒険を楽しむ「ぶらり一人旅」のすすめ　164
疲れた時は「将棋ゲーム」で一息いれる　168
ＩＴやＡＩと仲良しになる　172
紳士は公共の水回りを美しく使う　176
掃除も料理も「やらせてください」の心でやる　180

第5章　最後は孤独に、死んでいきたい

「毛玉のついたセーター」を着るお金持ちはカッコイイ　186
寂しい人ほど儲け話に引っかかる　190
詐欺から身を守る「セーフティネット」を作っておこう　194

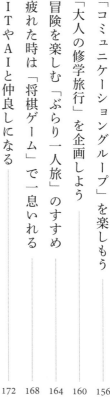

親の死を「メルクマール」に　198
「辞世の句」は何にする？　202
ペンを片手に一人ひっそり死んでいきたい　206

装幀　石川直美（カメガイ デザイン オフィス）
装画　弘兼憲史
編集協力　岩下賢作
　　　　　藤原千尋
ＤＴＰ　美創

第1章

「なりゆきまかせ」で、いいじゃない

「老いる」もりっぱな成長である

年をとって「老いる」という言葉があります。老いて何かができなくなる、何かが失われていく、何かが壊れていく。誰もがネガティブに感じる言葉ですよね。

でも、僕はそうは思いません。なぜかというと、僕にとって「老いる」イコール「成長」だから。年をとってだんだん物忘れがひどくなる、耳が聞こえづらくなる、目が見えにくくなる。これらは衰えたのではなく、人間としてちゃんと成長している証拠だと思うんです。

人間には、生まれたら必ず死ぬというプログラムがある。僕らはみんなそのプログラムの中で生きている。老いるということは、そのプログラムの最後の到達点に向かって、着実に歩を進めていることである。つまり老いることとは、健全に成長していることにほかならない。

だから、老いていくことを怖がる必要なんかありません。「自分は順調にゴールに向かっている」と、ポジティブに捉えたらいいんです。

かつて、芥川賞作家の赤瀬川原平《あかせがわげんぺい》さんが『老人力』という本を書きました。赤瀬川さんは、「物忘れが激しくなった」「頭がボケてきた」など一見マイナスに思われがちな老化現象を、「老人力がついた」とプラスに表現してみせました。

歯が抜けた。ついに老人力もここまできたか。どうだ、すごいだろう、歯が抜けたぞ、と。こんなふうにユーモラスに表現されると、「なるほど、年をとるのも悪くないな」という気にさせられますよね。

僕が考える「成長」も、赤瀬川さんのいう「老人力」に近いものがあります。「もう年だな」と寂しく感じた時は、「自分もようやく老人力が身についてきた。俺もりっぱに成長したもんだ」と力を抜いて受け止めればいいんです。

老いを実感すると、逆に「自分はまだ老いてなんかいない」「年寄り扱いなんかされたくない」とがんばってしまう人もいます。

口では「もう年だから」などと言いながら、内心では「老人なんて呼ばせない」と抵抗を感じる人も少なくないはずです。

実際高齢者を意味する「シニア」を前面に出したサービスや商品は、売れ行きがいまひとつ良くないのだそうです。高齢化社会にもかかわらず、自分をシニアだと認めたくない、老人扱いされたくないと思っている人は大勢いるというわけです。

でも、最近の高齢者は一昔前と比べて格段に若くなりました。

かつては「汚い」「お金がかかる」「役に立たない」、これが老人の三大要素などと言われましたが、今の老人にはほぼ当てはまりません。

私のように70歳を過ぎてもガンガン働く人はたくさんいますし、若者に負けないくらいオシャレでキレイな人もいっぱいいます。人生経験を生かして社会的な活動をしたり、仕事が忙しい我が子のために孫の世話を買って出るという人も大勢いますから、役に立たないどころの話ではありません。

だから、高齢者＝社会的に終わった年寄りというイメージは、思い切って捨ててしまったほうがいいのです。

現在、日本では65歳以上を高齢者と定義し、65歳から74歳までを前期高齢者、75歳以上を後期高齢者と呼んでいますが、これも早晩変わってくるかもしれません。10年前に比べて、身体の働きや知的能力が5〜10歳ほど若返っているため、高齢者の定義を75歳以上に引き上げようという提言もあるからです。

行政上の定義を変えるとなれば、年金や保険の制度にも影響があるでしょうから、話はそう簡単ではないかもしれません。でも、呼び名はどうあれ、元気な限り働いて、オシャレして、誰かの役に立つ生き方をしたほうが、人生はずっと楽しい。高齢者だの老人だののイメージに縛られて生きるなんて、まっぴらだと思いませんか？

呼び方なんて、どうだっていいんです。年なんて気にしなくていいんです。

楽隠居なんて考えず、死ぬまで現役でいきましょうよ。

必死に働いて何が悪い

ビートルズの『ア・ハード・デイズ・ナイト』という歌の中に、「I've been working like a dog.」（犬みたいに働いた）というフレーズがあります。

これは「がむしゃらに働く」という意味を表す慣用句なのですが、振り返ってみれば、僕の人生はまさにこれ。漫画のアイディアを必死に考えて、ろくに睡眠も取らず、迫り来る締切のプレッシャーと闘って……ハードと言えばこれほどハードなことはないと思うような生活を、もう何年も送ってきました。

オリンピックなんかの水泳中継で、必死に泳いでいる選手の後ろを、世界新記録の赤いラインが追っかけてくるでしょ。あんな感じですよ。

ぼやぼやしてると、赤いライン（締切）がずんずん追いかけてくる。追い越されちゃならんと焦って焦って焦りまくる。それが毎日毎日、ずうっと続く。幸いなことに僕の場合、赤いラインに追い越されたことは今まで一度もなかったですけど。

でも、やめたいと思ったことは一度もありません。しんどいことはしんどいんだけれど、やっぱり漫画を描くのが好きだから続けられた。たとえどれほど厳しくても、耐えられるんですよね、好きな仕事だったら。この仕事が好きで、がんばって働いたからこそ、ここまで来られたんだと思いますし。

だけど、最近は働き方改革の影響で、がむしゃらに働くというのがちょっと許されないような風潮がありますよね。寝食を忘れて徹夜で仕事することが、罪悪みたいに言われることも多くなりました。

犬のように働いてきた僕からすると、これ、正直言って首をひねりたくなります。がむしゃらにやるよりほどほどに働くほうが正義、何かを犠牲にするような働き方は悪。「本当にそれでいいの？」と思ってしまうんですよね。

そりゃ、心や体を壊すような働き方はよくないと思います。辛くてもう限界だという人を無理やり働かせるのもいけません。体力も事情も人それぞれですから、その人に応じたやり方をしたほうがいいに決まってます。

でも、だからってがむしゃらに働くことを否定する必要はないんじゃないでしょうか。働くのが大好きで、家に帰るより働いていたいという人もいっぱいいるわけですから、そういう人は時間を気にせずガンガン働いたらいいと思うんです。

そもそもこんな調子で働き方改革を続けていたら、日本はダメになってしまうんじゃないかな。必死に努力しないと外国に追い越されてしまいますよね。

かつて日本は技術大国だと言われましたけど、それはもう過去の話です。今、アメリカも中国も韓国もすごい勢いで技術革新が進んでいますから、日本はすでに置いていかれているのが現状です。

労働者の立場や待遇を考えて、働く時間を減らして休みを増やすのも、それはそれでいいとは思います。だけど、日本の国力ということを考えると、そこにこだわりすぎるのは決していいこととは思えない。働き方改革をするなら、一生懸命働くということの意味を、今一度きちんと考えたほうがいいような気がします。

ただし、がむしゃらに働くというのは、好きな仕事をやる、少なくとも嫌な仕事はしない、ということが大前提です。給料が高いからという理由で仕事を選ぶ人がたくさんいますけど、それだとおそらく長続きしません。たとえ給料が安くても、好きな仕事を選んで、ガンガン働く、楽しく働く。これが大事だと思います。

好きな仕事なら、70歳になっても80歳になってもあるいは90歳になっても、いくつになっても、きっと続けることができますよ。だから、定年して次の仕事を探すなら、給料より好きなことで選ぶべきです。僕が漫画という好きで好きでやめられないものを見つけたように、みなさんも好きなこと、探してみてください。

チャップリンが『ライムライト』という映画の中で、「人生に必要なのは勇気と想像力とサムマネー」という名言を残しましたけど、まさにこの言葉通り、お金はいくばくかあればいいんですから。

老いても歩けば棒に当たる！

定年して、やることがなくて、一日中ボーッと家でテレビばかり見て過ごしている。そういう人、少なくないかもしれないですよね。

そういう人に、僕は言いたい。今すぐ立ち上がって、とにかく何かしてみましょう。外に出て、動いてみましょう。

さして楽しいこともないかもしれませんし、あんまりよくないものと出会っちゃうこともあるかもしれません。でも、何もしないよりずっとマシです。だって、何もせずに部屋の中にいたって、そのまま朽ち果てるだけでしょ？

「年をとって体がしんどい」と言うかもしれませんけど、深刻な病気でもない限り、ちょっとがんばって体を動かしたほうがいいです。一歩外に出て、家の周りを歩いて、ご近所さんと話をするだけだっていいです。

そういうことをしていると、きっと何か新しいものが見つかります。やってみたいことと出会うかもしれませんし、ボランティアをやろうという気になるかもしれません。ひょっとすると「これをやれば儲かるぞ！」というビジネスチャンスにめぐり合うことだってあるかもしれません。

そうなったら、ものすごく楽しいじゃないですか。

僕は「何かを成し遂げる人は年齢に関係なく何かを始める人」だと思っています。当たり前の話だけれど、何かを成し遂げるには何かを始めないといけない。逆に言えば、何でもいいから何かを始めれば、一つのことを成し遂げられるかもしれない。

会社のためでも家族のためでもなく、自分自身のために何かを成し遂げてみせる。これは高齢者になったからこそ与えられる、大きなチャンス、大きな楽しみの一つなんじゃないでしょうか。

ただし、チャンスはじっとしていたら摑《つか》めません。探せばいたるところに転がってるんですけど、待っているだけじゃ転がり込んでこない。「どこにあるのかな」って探して回らないと、チャンスはなかなか見つけられない。

ポケモンGOっていう、GPS機能を利用したスマホゲームがありますよね。いろんなところを歩き回ると、スマホ画面のフィールドマップにさまざまなポケモンが現れて、それを捕まえたりバトルさせたりして遊ぶというゲームですけど、チャンスを摑むというのは、これとちょっと似ているかもしれません。

歩き回らないと始まらない。お目当てのポケモンを捕まえようとしても、そう簡単には見つからない。でも、よくよく探し回ればゲットするチャンスは必ずやってくる。そのチャンスを見逃すことなく、いかに確実に、「よしっ」と摑み取ることができるか。この「チャンスを逃さない」というのが、すごく重要なんです。

でも、これが案外難しいんですよね。よく「自分はチャンスに恵まれない」と言う人がいますけど、それは恵まれないのではなく、おそらくチャンスを見抜けていないだけ。チャンスをゲットできるかどうかは、その人の判断力や時機を見抜く目にかかっているわけです。

とはいえ、かく言う僕も、判断力や見抜く目はイマイチです（笑）。チャンスの目利きとはとても言えません。だから、チャンスを逃しまくっていると思います。「あぁ、なんであそこで行かなかったんだろう」と思うことばかりでしたから。

そもそも僕、面倒臭がりなところがあるんです。ガンガンいくというのもちょっと苦手。だけど、何かを観察するのはすごく得意です。風景を見るのも人を見るのもとても好き。これが幸いして、いくらかチャンスを掴んできた、ということかもしれません。

だからみなさんも、自分らしくマイペースでいいですから、チャンスを掴みに動き出しましょう。「老いても歩けば棒に当たる」で、自ら仕掛けに行きましょう。

「果報は寝て待て」とも言いますけれど、寝て待っていたらボケるだけ（笑）。のんびりでも構いません、一歩踏み出してみましょうよ。

「人生計画」より「明日の締切」

僕が一番苦手なもの。それは生命保険の外交員さんが持ってくるパンフレットです。外交員さんがあのパンフレットを開いてみせて、「ここで結婚して、このあたりでお子さんが生まれて、小学校が終わって中学受験をするとこれだけお金が必要で、高校や大学も私立に行ったらさらにこれだけお金がかかります」って、人生プランをわーっと説明するでしょう？

あれを見ると僕、どうしても思ってしまうんです、「そんなこと言ったって、人生そう予定通りにいくわけがないじゃないか」って。

プラン通りにうまくいけば、もちろんそれに越したことはないかもしれませんよ。

でも、子どもがドロップアウトするとか、会社が倒産するとか、一家離散しちゃったりとかしたら、その時はどうするんです？

立てていた計画を修正するって、ものすごいエネルギーがいります。精神的にかなり疲弊します。そんなことになるくらいなら、最初から予定なんて立てずに、「先はどうなるかわからないけれど、まああ行くところまで行ってみよう」くらいの感じでいたほうが、ずっと楽に生きられるんじゃないでしょうか。

そもそも人生って、予定通りにいかないものです。「こうなりたい」と思っていてもいろいろと変わるのが普通です。受験でも就職でも、すべて期待通り、首尾よく進んだなんていう人はそうそういない。7、8割方の人は、思い通りにならなかった人生を生きているはずです。

でも、振り返ってみたらそう悪いことにはなっていない、いろいろなことがあって、あれこれ考えたり悩んだりもしたけれど、結局収まるところに収まった、なるようになった、という人がほとんどではないでしょうか。

要するに人生というのは、逆らったところでどうにもならない、だからムダに考えすぎちゃいけない、ケセラセラ、なりゆきまかせでいいんだよ、ということだと思うんです。

だいたい、僕ら漫画家は予定なんか立てられません。20代でデビューして、30代で漫画賞をとって、40代で連載をいくつ持って、50代で単行本がベストセラーになって……みたいな計画、立てられっこないですからね。

与えられた仕事をこなすので精いっぱい、目の前の締切をクリアするので精いっぱい。そういう毎日を何年、何十年と続けるうちに今に至った、という人がほとんどじゃないでしょうか。

先のことはあんまり考えない。でも、今目の前にある仕事については考えて考えて考え抜く。行き当たりばったりと言えばそれまでだけれども、むしろ計画がないからこそ全力投球できるというのが、僕の率直な感想です。それにきっちり計画なんか立てちゃったら、かえってそれに縛られて、計画を守るためのストレスに自分が苦しめられるだけですしね。

もっと具体的に言うなら、僕にとって一番大事なのは、目の前にいる第一読者、つまり担当編集者をいかに喜ばせるかを考えることです。漫画家の作品は、その担当編集者さんを通じて全国に広まるからです。

多くの新人は、いきなり連載の話を考えて編集者に持っていくとか、こうしたら全国の読者にウケるとか、壮大なことを思い描いて作品を作ろうとしますけど、それははっきり言って早計です。

だって、最初の段階で編集者に「これはダメです」って言われたらそれで終わり。いくら「これはいい作品なんだ。あなたが理解できないだけだ」とがんばったところで、先に進むことはできません。

ですから、何かをやろうと思う時は、まず目の前の人を喜ばせる。イエスと言ってもらう。感動してもらう。先々の計画や予定より、「目の前の締切」をめざして必死になる。そういう生き方を考えてみたらどうでしょうかね。

「自腹を切る」覚悟で生きてみよう

老後2000万円問題。話題になりましたよね。あれを聞いてちょっと不安になったという人、結構多いんじゃないでしょうか。「真面目に年金を払い続けてきたのに！」「2000万円ものお金を自分で何とかしろっていうのか！」と腹立たしく思った人もおそらく少なくないと思います。

でも、これってある意味、仕方のない話ですよ。

何しろ日本は未曽有の高齢化社会。長生きすることで年金が不足するかもしれないというのは、どれほど嘆いたところで動かしがたい現実。政府がそれなりの対策を打つのは当然だと思いますけど、ぶうぶう文句を言うのもちょっと違うかなという気がするんです。

僕は、ありがたいことに現在も現役で働いていますし、蓄えもありますから、老後のお金の不安というのはあまりありません。そりゃ、今後何があるかわかりませんから、絶対安泰とは言い切れませんけど、心配しなくたって何とかなるだろうと思っています。

こんなことを言うと「たくさん稼いでいる人はいいよな」と言われてしまいそうですけど、僕が不安にならない一番の理由は収入や貯蓄ではありません。長年ずっと、自分自身で収支を管理してきたからです。

僕らのような個人経営者は、常に「実利」を考えます。収入に対していくら経費がかかるかを計算します。例えば、１００万円の経費をかけて仕事をして、80万円しか入らないとなったら赤字です。どれほど働いたつもりになっても、結局マイナスでは話になりません。

自営業の方はよくおわかりかと思いますが、個人経営者としてシビアな金銭管理を続けてくると、お金に対する覚悟や忍耐が身についてくるのです。

一方サラリーマン生活をしていると、こういう心配はしなくて済みますよね。何をするにも、すべて経費は会社のお金。自分のやった仕事で大したリターンがなくても、毎月の給料は変わらない。だから気楽でいいとは言いませんが、こういうサラリーマン的金銭感覚でやっていると、自分で収支管理するという意識が身につかず、老後の不安も大きくなるのではないでしょうか。

だから、定年後は個人経営の感覚を持つ。再雇用などでサラリーマンを続けるとしても、会社のお金ではなく自分のお金であるとして利益を得ることを考える。「この仕事でいくらくらいの収入になるのか」「どの程度経費をかけられるのか」という収支を、自分なりに考えるクセをつけるといいと思います。

景気のよかったバブルの時代は、打ち合わせと称して、出版社の担当編集者がよく銀座に飲みに連れて行ってくれたりしました。でも、あれは本当に無駄なお金だったと思います。だって、飯食ってるだけで、仕事なんてしてないんですから。

せっかくの誘いを断っちゃ悪いと思ってお付き合いしてましたけど、本音を言えば、「こんなの必要ある?」と感じることもたくさんありました。「席を設けて盛り上げるのも仕事の一つ」なんて言い方をする人もいましたけど、飲みに行ったからその作品が売れるなんてことはありません。

僕はもともとあまり浪費するタイプではないので、バブルだろうとなんだろうと「無駄遣いはよくないな」と思ってましたけど、この「もったいない意識」が僕のベースにあるかぎりは、お金については「なんとかなる」という安心感があります。

もっとも、「何が何でも使わない」「貯め込むことだけを考える」のがいいとは言いません。お金は植木にやる肥料と同じで、適度にばらまかないと花も咲かないし実もつかない。経費をかけるにしても、どう使うのがいいのか、しっかり見極めることが大事だと思います。

したがって、これからはサラリーマン感覚をやめて、「自腹を切る覚悟」を持つ。これが人生最後にいい花、いい実をつける大切な心がけじゃないでしょうか。

面倒臭いから、怒らない

「忖度《そんたく》」という言葉が流行りましたけど、僕自身も、どっちかというと忖度するほうかもしれません。

例えば、担当編集者に対して「もっとこうしたらいいんじゃないの？」と思うところがあっても、相手ががっかりしたり落ち込んだりしたらと思うと、なかなか言えない。忖度するというより、相手が不快な思いをすると思うと物申せなくなってしまう、といったほうが正しいかもしれません。

本当は、言うべきところはガッと言わないといけないんでしょうけど、やっぱり言えない。これ、僕の弱点といってもいいかもしれません。

アシスタントなんかも、なかなか叱《しか》れないんです。叱るって、エネルギーがいるでしょ。ちょっとしたことならそうでもないですけど、「これはまずい、あいつを呼んできっちり言っておかなきゃいけない」となると、結構エネルギーを使います。

だって、膝詰めで叱るとなったら、いろいろと考えなきゃいけないじゃないですか。まず何を言って、どういうところを怒るか、相手がこういう態度に出たらどう答えるか、落ち込んだりしたらどうフォローするか。僕の場合、叱る前に必ず30分くらい、あれこれシミュレーションして考えるんですよ。

で、いろいろ考えるうちに、疲れちゃって、面倒臭くなっちゃって、結局叱らないで放っておく、となってしまう。要するに、面倒臭いから、エネルギーを使いたくないから怒らない、「まあいいか」で逃げちゃうわけです。

本人のためを思うなら、本当は叱ったほうがいいんでしょうね。でも、叱った結果恨まれるということも多いんです。逆恨みされるというやつですね。結果的に逆恨みされちゃったら、こっちにとってはいいことなんて何にもない。

だから最近は叱らない。「まあいいや、お前の人生なんだから、俺は知らないよ」って、割り切ることにしています。

こういう接し方は、冷たいと言えば冷たいのかもしれません。相手のためより自分を優先するわけだから。でも、年がいったら、エネルギーを使って消耗してくたびれるようなことは、できるだけ避けるに限りますよ。

よく、年をとると人間丸くなる、怒らなくなるなんて言いますけど、あれは人間ができてくるというより、年とともにおのずとエネルギーの消耗を抑えるようになるってことなんじゃないのかな。

でも、いくつになってもものすごく怒って、声を荒らげて怒鳴る人、いますよね。ちょっとしたことで「何やってんだ！」って毎回キレる人、特に会社員に多い気がしますけど。

こういう場合、怒鳴られたほうは最初はすごくびっくりします。「どうしよう」「すげえ怒られた」ってビビっちゃいます。

でも、毎回怒鳴られていると、だんだん何てことなくなってくる。「ああ、またか」「いつものやつが出たな」となる。「あの人はいっつもそうやって怒っているから、もう気にしなくたっていい、適当にすいませんと言っときゃいいや」という感じになってくる。

こうなると、怒り損、大声を出すだけエネルギーの大損失です。ただでさえ老化してエネルギーが減っているところに、さらに余計なエネルギーを消耗するなんて、こんなバカバカしいこと、ないですよね。

だから、声を荒らげて怒るとしたら、一生に一度か二度くらいにしておいたらいいと思います。それなら、相当効きます。「ふだん怒らない人がこれだけ怒った。これはまずい、反省しなきゃ、改めなきゃ」となります。

シャイな人に限って、存在感を示すために怒ってみせるなんてこともあるみたいですけど、そんなの、いらないです。そのままでいいんですよ。怒って疲れるより、「まあいいか」って流して楽にいきましょう。

晩節を汚す人、汚さない人

人間、一人で生きているわけじゃありません。当たり前の話ですけど、誰だって、人に支えられてそれなりになれる。僕は仕事柄、成功者と呼ばれる人とご一緒させてもらうことも多いですが、そういう人たちを見ていると、心底そう思います。

選挙なんかがいい例ですけど、いくら一人でがんばったって、周囲からの応援がなければ何も始まらない。声援を得られるような言動を身につけて初めて、議員なり何なりになれるわけですよね。

要するに、能力や熱意があるだけでなく、下から担がれる人、みんなから慕われる人にならなければ、成功者には到底なれないわけです。

中には下から支えられるのではなく、上から好かれて成功する人もいます。大物に愛される人、言い換えるなら「ジジイ殺し」、ローソンのＣＥＯを経てサントリーホールディングスの社長になった新浪剛史《にいなみたけし》さんがそうですよね。

新浪さんって、財界の超大物たちからすごく愛されている人です。彼はものをはっきりと言う人なんですけど、そこがむしろ大物たちに愛されている。「はっきりものを言う新浪という男がいるぞ」という感じで一目置かれるわけですね。

もちろん、一目置かれるのは新浪さんに能力があることが大前提ですが、誠実に、信念を持って、上の人にも言うべきことは言うというところが、大物たちの目にとても魅力的に映るんじゃないでしょうか。

いっぽう中には、能力も熱意もあるのに残念な人もいます。我が道を行きすぎる人、正論ばかり述べて人の意見を聞かない人です。

こういう人は、最初はいいんです。注目も浴びるし期待もされる。だけど、主張ばかり激しくて、だんだん人がついてこなくなる。上から引っ張り上げてくれる人もいなくなっていく。いくら能力が高くても、これでは成功はできませんよね。

漫画作品も同じです。売れるためには、やっぱり人から共感を得られること、人気を集められることを描かないといけない。読者からの人気投票で一番にならないといけません。

一番にならないと無意味だとは言いませんけれど、結局人生って、ある意味すべてが人気投票だと思うんですよね。

だけど、人気投票で一番になっても、有頂天になって勘違いして堕ちていく人もいます。特に僕らのような漫画家、作家などの世界では、人気の頂点にいたような人が晩節を汚《けが》すようなケースも少なくありません。

例えば、僕がまだ新人の頃、誰もが知っているような有名作家に「弘兼です」と挨拶したところ、その人は僕を一瞥《いちべつ》して「なんだお前は、絵描きか」と吐き捨てるように言いました。上から目線の、とても不遜な物言いでした。

また、この人とは別にもう一人、大物と呼ばれたにもかかわらず、仕事やお金のトラブルを抱えて人望を失った人がいました。たいへん人気のある漫画家でしたが、出版社や他の作家に迷惑をかけたり、弟子に恩を着せるようなことをするようになり、次第に人が離れていってしまいました。

お二人とも、すごい才能の持ち主だったと思います。でも、結局最後は誰からも慕われず、寂しい人生をたどることになってしまった。残念だと思うと同時に、たとえナンバーワンになっても、人からの共感や人気を侮ってはいけないと、僕はつくづく思ったのです。

実際、僕の知る限り、成功者になって第一線を走り続けている人は、みんな概《おおむ》ねいい人です。コンプレックスや欠点もあるのでしょうけど、それを感じさせない、おおらかさや朗らかさがある。

こういう人はたぶん、共感や人気の大事さを身にしみてわかっている。だからたとえ一線から退いたとしても、晩節を汚すようなことにはならないような気がします。僕もできれば、かくありたい。そう願っています。

「水が流れるように」生きる

自ら率先して反旗をひるがえす人、すごく立派だなと思います。何か許せないことがあると、それに立ち向かって、どんどん行動を起こしていく。一揆の旗を掲げる反骨精神。憧れなくもないけれど、残念ながら僕にはその勇気はありません。一応、反骨精神で有名な早稲田の出身ではあるんですけど（笑）。

僕はもともと、何かに抵抗するタイプじゃないんです。大変なことがあっても、抵抗しないでありのまま受け入れていく。どちらかというと、水が流れるように、サラリといくほうなんです。

だから、何かあっても基本「まあ、いいか」で、川の水に流されます。必死に逆らって泳いだりせず、流れに乗ってずーっといく。するとそのうちに向こうから、プカプカ浮いているものがやってくる。あれはもしかすると浮き袋じゃないか？　摑んでみるか？　どうしようか？　そんな感じで人生を生きてきたと言ってもいいかもしれません。

そもそも僕は、何かに逆らうとか、自ら困難に挑戦するとか、そういうことにあまり興味がありません。反骨もそれはそれでカッコイイけど、逆らって潰れちゃったりしたら損してしまう。何事も最終的には、生き残ること、生き延びるにはどうしたらいいかを考えることが大事だと思うんです。

例えば、スペイン内戦時代にフランコ将軍という人がいて、反乱を起こして政権をとりましたけど、そういう時代だったら、反体制に乗っからないと生き残れませんよね。逆に毛沢東が支配する中国で反体制を掲げたりしたら、とてもじゃないけれど生き残れない。

命をかけて意志を貫くと言っても、死んでしまったらそこで終わり。終わってしまったら何の意味もない。こう考えると、たとえ不本意であっても、大勢に流されるのも大事だというわけです。

まあ、若いうちはいいかもしれません。自分自身が満足するなら、反抗でも抵抗でも好きなだけやったほうがいい。たとえ無駄骨だったとしても、やらずに後悔するよりずっといいと思います。

でも、年をとったら話は別です。ある程度先のことを考える。体に負担がかからない方法をとる。ムダにぶつかったり怒ったりしないようにする。どんなことに直面しても、「まあ、いいか」で淡々と受け入れたほうが得だと思います。

年をとってくると、どうにもならないことが増えてきます。

例えば、高齢になるとガンになりやすいと言われますが、医者から「ガンです」と言われたら、いくら「俺は受け入れたくない」と言ったって受け入れるしかないですよね。「あと一年です」と言われたら、もうそれ以上抵抗のしようがないですよね。

だから、何が起きても逆らわず、まずは「ああ、そうか」と受け止める。焦ったり落ち込んだりせず、「まあ、いいか」で受け入れてみる。そこから、「今できるベストはなんだろうか」とポジティブに考えればいいのです。

産婦人科医で「日本笑い学会」副会長の昇幹夫《のぼりみきお》さんが、うまいことを言っています。「逆らわず、いつもニコニコ、従わず」。何事にもいちいち逆らわない。ニコニコしながら受け止める。けれどいいなりにならず、できることはしっかりやる。「流される」とか「ありのまま受け入れる」というのは、無責任や無気力になれという意味ではなく、余計な力を抜いてやれることをぼちぼちやっていこう、ということなのです。

こういう生き方を若い頃から続けてきたせいか、僕はスランプに陥ったという経験が一度もありません。漫画家さんの中には悩んで体を壊したり精神的に参ってしまう人も少なくないのですが、僕はそういうのとはまるで無縁。漫画家らしからぬ（？）健康優良児でいられるのは、水が流れるように、「まあ、いいか」で生きているからじゃないかと思っています。

「失敗してもいいや！」で振り切ってみよう

定年後って、自分で決めなきゃならないこと、具体的に決断しないといけないことが結構多いですよね。

どう働くか、時間をどう使うか、お金をどう使うか、家をどうするか、病気になったらどうするか、墓はどうするか、葬式はどうするか。

もうやり直しもきかない、だからできれば失敗したくない。そう思うとかえってどうしたらいいかわからなくなる。そういう人も少なくないかもしれませんよね。

前にも書きましたけど、そういう時って、あまり深く考えないほうがいいです。大事なことだから真剣に、失敗できないから慎重に、と思う気持ちもわかりますけど、深く考えすぎるとかえってうまくいかないということもあります。

漫画なんかもそうです。自分では大して面白いとも思わないのに、なぜかすごくヒットした、どういうわけか人気投票で一番になった作品って、あまり深く考えずに描いたものが多いんです。

締切に追われて、「時間もないし、これでいいや」と思って描いたものがすごく評判がよくて、逆に、時間がある時に一生懸命練って考えたものがそうでもない。皮肉な話ですけど、そういうこと、結構あるんですよ。

理由はよくわかりませんけれど、結局深く考えすぎるのは何事もよくない、あまり考えないでパッとやるほうがいい、ということなんじゃないでしょうか。

考えてみたら、ゴルフもそうです。

しっかり構えて、いろんなことを念入りにチェックして、準備万端でやろうとすると、かえって体が動かなくなってしまう。本当は、イメージを持ったら、何も考えずスーッと上げて振り下ろすのがいいんでしょうけど、なかなかそうもいかなくて、クラブを上げながらどうしてもあれこれ考えてしまう。

そうすると、だんだん体が硬くコチコチになって、打ち損ねてダフったりヘンな方向に飛ばしちゃったりすることになる。やっぱり、あんまり考えちゃいけないってことだと思うんですよね。

それと、一度失敗するとどうしても悩んでしまいますよね。「どこがいけなかったんだろう」「何が悪かったんだろう」って、あれこれ反省しますよね。

反省するのは悪いことじゃないんですけど、そこにずっとこだわっていると、次もまたうまくいかなくなる。だから悩んだり反省したりするより、思い切って切り替えて、新たに一からやるという気持ちで臨んだほうがいいと思います。

例えば、パットを外したとしますよね。「なんで外したんだろう」と思いますよね。次のホールに行く間もずーっと考えて、ティーショットに立ってもまだ「なんであそこで外したのかな」と考えて。

こういうことをやっていると、やっぱりロクなことにならない。だから次のホールに行く時は前の失敗は完全に忘れて、「よっしゃ、次はきちっと当ててこう！」と切り替えたほうがいいわけです。

バンカー越えの、フワッと寄せるショットをする時もそうですね。もしかしたら、トップして目の前のバンカーに入るかもしれない。あるいは打ちすぎて向こうのバンカーに落ちるかもしれない。こんなことを悶々と考えていると、結局バンカーに入っちゃう。

でも、何も考えずにポーンと打つと、ふわりと寄ってうまく入ってくれる。つまり「失敗したらどうしよう」じゃなく「失敗してもいいや」で振り切るのがいいんです。万が一失敗してしまったら、その時に考えればいいんですよ。「あー、失敗した。じゃ、次にどうしようかな」って。やる前から失敗することを考えてたら、できるものもできなくなっちゃいますから。

たぶん人生も、これと同じですよ。失敗した時に悩む。失敗する前に悩まない。ということなんじゃないでしょうか。

人生、謝るが勝ち

政治の世界を舞台にしたある作品を描いた時、実在する政治家の方と、少しだけ揉めたことがあります。

別にその方のことをモデルにしたわけではなかったんですが、それを読んだご本人が、「これは俺のことを描いてる。名誉毀損だ。訴える」って言ってきたんです。名前が似ているか何か、そのくらいの話だったと思います。

幸い話し合いで決着がついて、トラブルに発展するようなこともなかったんですけど、その後ある集まりで、偶然その人と出くわしてしまう機会がありました。

もう解決した話ですし、何も悪いことはしていませんから、素通りしても構わなかったんですが、彼が僕のほうをジロッと睨《にら》んだので、僕は近づいていって頭を下げて、「あの時は申し訳ありませんでした」と謝りました。「これは謝っておいたほうがいいんだろうな」と感じたからです。

するとと彼は、怒るでも嫌味を言うでもなく、ただ一言「いいよ、これで済んだ」と言いました。なるほど、頭を下げればそれで気が済むのか、謝ればいいのか。僕はこの時、謝れば済むことの意味を痛感したのです。

もっとも、本音を言えばあまり謝りたくはありませんでした。

だって、僕はその人をモデルにしたわけでも何でもない。そういうつもりで描いた覚えはまったくない。謝ったりしたら、「あなたをモデルにしました、ごめんなさい」と認めることになる。認めるなんて、本当はしたくない。ものすごく悩みました。

でも、こっちをチラチラ見ているし、ずっと不機嫌そうに睨んでいる。不本意だけど、禍根《かこん》を残すくらいならやっぱりここは謝っておくに限る。で、本当に面倒臭かったんですけど、謝ることにしたんです。

結局、謝ったのは正解でした。向こうも気が済んだみたいだし、謝って済むんなら、ナンボでも謝ろう。それで事が済むなら簡単な話だと思いました。

と言っても、僕はもともと、わりと平気で謝れるタイプです。頭を下げることにそれほど抵抗はありません。あんまりプライドがないんですよね、僕（笑）。飲み屋で土下座して謝ったこともありますから。

もうずいぶん昔、まだ40代の頃の話ですよ。

あるスナックに入ったら、美人なママがいて、彼女目当ての男たちがわんさといたんですけど、僕、その時にちょっと調子に乗って、ママがカラオケで歌っている時に、途中で入って彼女と一緒に歌ったんです。

そのことが、とにかく気に食わなかったんでしょうね。その後僕がトイレに入ったら、後ろから一人の男がついてきて、「お前、さっき俺が選曲した歌を（ママと）一緒に歌っただろう！　謝れ、今すぐ謝れ！」って、ものすごい勢いで怒鳴り始めたんです。

「なんやコイツ、何言ってんやろな」と思いましたけど、ここで揉めてもしょうがないから、すいませんでしたって謝りました。するとそいつ、「ただ謝るだけじゃダメだ、今ここで土下座しろ」って言うんです。

で、土下座したんですよ。「ハイ、わかりました。土下座します」って、それはもう素直に。そうしたら、逆に向こうがびっくりしちゃって。逆らってくるのかと思ったら、僕がすんなり土下座までしたもんだから、「ああ、わかった」って矛先《ほこさき》を収めて。二人とも、何事もなかったように席に戻りましたけどね。

理屈で言えば、難癖つけるほうも悪いには違いないんですけど、こういう場合は謝っちゃったほうがいいです。適当に謝って、スルーするに限る。突っ張ってケンカなんかしたりしたら後々面倒だし、ケガでもしたら大変ですから。「なんだ、若造！」なんてやり合うより、土下座でもなんでもして「はいはい」って謝るほうがカッコいい。特に年がいったら、ムキになるより頭下げたほうがスマートですよ。

ちなみに、この男、ガテン系ですごくケンカが強そうだった。もっと弱そうなヤツだったら……うーん、やり合っちゃってたかもしれませんね（笑）。

第2章

世間体なんか、捨てていい

病院で死ぬより「野垂れ死に」したい

今、定年を延長して70歳まで働けるようにしようという動きがありますよね。

多くの企業は、60歳で定年した後、定年延長や再雇用によって65歳まで働ける仕組みを設けていますが、政府調査によれば、65歳を過ぎても働きたいと思っている人が半数以上はいるとのこと。こうした人々のために、政府は高年齢者雇用安定法改正案を発表し、定年延長や再雇用に加え、他企業への再就職支援や起業支援を努力義務として企業に実施を求めていくと言います。

こうした施策の背景には、経済効果を期待する国の思惑もあるのでしょうけれど、年齢に関係なく元気な限り働き続けるのは、とてもいいことだと僕は思います。何もせずゴロゴロ過ごすより、社会に出て働いたほうが心身ともに健康でいられるのではないでしょうか。

蓄えも年金も十分にあって、働く必要がなかったとしても、ゴロゴロしてちゃいけません。何かしら打ち込めるものを見つけたほうがいいです。イキイキやれるなら、仕事でなくてもいい、遊びだって構いません。

とにかく夢中で活動し続けて、それができなくなる時が人生の終わり、自分が死ぬ時だと思える何か。そういうものがあると、「定年」なんて考えなくなります。命ある限りやり続けるんだと思うと、死ぬ時が「定年」ってことです。要するに、「命日が定年」ということになります。

僕は会社員ではないので、そもそも定年なんて考えたこともありません。死ぬまで現役のつもりで漫画を描き続けてきましたから、定年があるとしたら、それは自分が死ぬ時、まさに命日が定年です。僕にとっての定年とは、人生のゴールという意味になるわけです。

よく文豪の方が、書斎で倒れて亡くなっていたとか、机に突っ伏して死んでいたなんて話を聞きますけど、できれば僕もそうして死にたい。漫画を描きながら、そのまま死んでいけたらこんな幸せな定年はないと思っています。

ただ、なかなかそうもいかないのが人生です。たいていの人は、病気になって、入院して、病院で死んでいく。書斎どころか、自宅で死ぬのもままならない。人生の最後は病院で、というのが現実かもしれません。僕だって、今は元気でも、いつ病院のお世話になるかわかりません。

でも、僕は入院ということになっても、それはそれで構わないと思っています。病院に漫画を描く道具を持って行って、動ける限り病室でも漫画を描こうと思ってますから。まあ、病院の人には叱られちゃうかもしれませんけれど（笑）。

要するに、場所はどこでもいいんです。自宅でも病院でも、そこでやれることをやればいい。むろん無理のない範囲でということにはなるでしょうけど、何もできないなんてことはありません。治る病気なら、一生懸命治す。それもやれる活動の一つには違いないんですから。

ある大御所の漫画家の方も、入院先で原稿を描いていたそうです。口述筆記で家族の方にストーリーを書いてもらって、それをなんとか形にして、発表しようとがんばっておられたそうです。

結局最後はドクターストップがかかって、発表には至らなかったと言いますが、それでも命ある限りやり遂げたことには変わりないですよね。

僕は、医師に止められるような状態になったら、自分の仕事場に戻るのが一番だと思っています。いずれ死ぬとわかっているのに、病院のベッドを使い続けるのは忍びない。病院は本来死ぬためでなく生きるための場所ですから、本当に必要な人にそこを譲るべきなんじゃないかと思うんです。

働き慣れた仕事場で、パタリと命を終えられればいいんですけど、それができないなら、近所の路地でも野っ原でもどこでもいい、病院で死ぬくらいなら野垂れ死にするほうが、僕らしい最期なんじゃないかなと思っています。

安楽死、僕は大賛成

安楽死、最近何かと話題ですよね。本でもテレビでも、よく取り上げられるようになりました。高齢化社会ですから、当たり前といえば当たり前なんですけど。

少し前、某テレビ局でも安楽死を扱ったドキュメンタリーが放映されたそうですね。日本人女性が安楽死を望んで、スウェーデンに行って、実際に亡くなるところまで撮影したとか。残念ながら僕は見ていないんですけど、そういう番組を制作するようになったというのは、安楽死について考えることを避けて通れなくなったということかもしれませんよね。

以前、アメリカ人女性がＹｏｕＴｕｂｅで尊厳死を宣言し、その後、実行したということがありました。医師や家族がいるところで、「みなさん、これから死にます」って言って、自分自身で何かして淡々と死んでいくんですけど、本当に眠るように、すーっと亡くなっていきました。こういう死に方なら、全然悪くないなあと思いましたね。

実際、僕も安楽死には大賛成です。というか、これから先、絶対に必要になっていくという気がします。というのも、これからは大半の人が病院より在宅で死ぬということになっていくでしょう？　高齢化社会で医療費が高騰することを考えると、どうしても病院死でなく在宅死ということにならざるをえないし、そもそも余計な延命治療をしたくないという人は9割に上ると言います。

できれば自然に死にたい、病院で無理やり生かされるのはイヤ。多くの人がそう思っているということだと思いますが、残念ながら、ガンなどで苦しい思いを余儀なくされる人もいる。そういう場合は、やっぱり安楽死を認めるべきだと思うんです。もちろん、本人が望んで、家族も同意できればの話ですけど。

ただ、安楽死をそう簡単に認めるわけにはいかないというのもよくわかります。認めてしまうと、保険金がらみの犯罪が増える可能性も高いでしょうし、本人より家族の思惑が優先されてしまうこともあるかもしれません。

安楽死を認めるとしたら、そこを徹底的にガードするような方法を考えなくてはいけない。でないと、誰のための安楽死なのか、わからなくなってしまいますよね。

そもそも安楽死というのは、他人のためでなく自分のために、自分自身の意思で選び取ることが大前提です。周りに迷惑をかけるからとか、死んだほうがみんなのためだとかではなく、あくまで自分はどうしたいかを中心に選ばなくてはいけない。

周囲や他人の目を気にしがちな日本人が、果たして自らの意思で死を選べるかどうか。そこが難しいところかもしれないという気もしますけれど、いずれにしろ、これからの高齢化社会を考えた場合、本人も望んで家族も認めて安楽死に至るという亡くなり方を、自然に行えるような社会になっていくとベストなんじゃないでしょうか。

ちなみに日本では現在、安楽死は認められていませんが、余計な延命治療は断って、必要に応じて緩和ケアを受けたりしながら、自然に近い形で死んでいくことはできるんじゃないかと思います。

実際、僕の義理の兄はガンで、余命3ヶ月くらいだと告知されて、もうこれ以上病院でできることはないからと自宅に戻されましたけど、結構元気で、毎日笑いながら過ごしました。

もちろん、本人も知ってました。全身ガンで、もう3ヶ月の命だって。そもそも3ヶ月だってわかったから家に戻ってきたんですよね。残された時間をどうやって過ごそうかって、いろいろ、いろいろ、考えたんじゃないかな。

でも、兄貴は本当に肝が据わってますよ。自宅に戻ってきてしばらくして目が悪くなって、眼科にかかったら目の手術をしたほうがいいと言われたんだけど、「あと1ヶ月くらいしか生きられないのに、見えてもしょうがないだろ」って手術しなかった。

結局亡くなってしまいましたが、覚悟ができているというより、自然に死を受け入れているっていうのかな。こういう最期も、カッコイイなと思います。

「マイナス思考」のお年寄りたち

僕の母親、もう90歳過ぎですけど、介護施設に入ってます。月一で会いに行っているんですけど、あまり元気でもなくて、もうそろそろかなという感じがしなくもありません。

もちろん意識はあります。寝たきりというわけでもありません。ちょっと認知症が入っているみたいだけど、訪ねていけば一応僕だということは認識してくれる。ただ、母の中で僕は漫画家ではなく、日本を転覆させる革命家ということになっているみたいなんですよね（笑）。

で、唐突に「お前、あの７０００万は大丈夫か？」なんて言う。いったい何の話かと思って聞いていると、「お前の周りにはその金を狙っている奴がいる。それを狙ってみんなが盗りに来るから気を付けろ」みたいなことを言うんです。もう完全に、頭の中でストーリーを作っちゃってるんですよね。

申し上げるまでもないですけど、僕は日本を転覆させる気なんてさらさらないし、7000万がどうのと誰かに話したことも一度もありません。なぜ母がこんな妄言を言い出したのか、まったくわかりませんけれども、おそらく、頭の中全体が「マイナス思考」になっているんでしょうね。

そういう傾向は僕だけでなく、介護施設に対しても見られます。母のためを思って、お金をかけてできるだけいい施設に入れたつもりなのに、「お前がお金をケチるから、みんなが私に対して冷たくする」とか、「私の食事はみんなの食べ残しをおじやにしたものなんだ。お前が介護士さんにお金を渡さないせいだ」なんてことを言い出すんです。

職員さんにお金を渡すわけにはいかないんだと言って聞かせても、「昨日も味噌汁をほっぺたにペタペタ塗られた」とまで言い出す始末。そんなこと、するわけないだろうって話なんですけどね。

まあ、話を聞いている分には結構笑えます。ここまで根も葉もないと、もはや笑い話です。だから僕としては何も気になりませんけど、一生懸命お世話してくれている職員さんに申し訳ないから、そういう妄言はできればやめてほしい。でも、いったんマイナス思考のサイクルに入っちゃうと、もう自分ではコントロールできないんでしょうね。

実際、老人ホームの食堂なんかを見ていると、何の会話もないですよね。何人か集まって、そこでみんなで食事をするわけですけど、食べ終わった後30分くらいそこに座ったまま、一言も喋らず、じーっとして動かない。

お互いの顔を見るでもなく、一点を見つめて、ずっと固まったままになってる。半分寝ているようにも見えますけど、傍目にはちょっと不気味に見えなくもない。こういう環境にいたら、物事を前向きに考えるのも難しいかもしれませんね。

こういう場合、僕のような訪問者が積極的に「こんにちは」とか「ごきげんいかがですか?」みたいに声をかけるといいのかもしれないけれど、僕はちょっと言えませんね。初めて会う人に親しげに声をかけるって、案外勇気がいるでしょ。

それに、知らない人に突然声をかけられたら警戒するお年寄りもいます。馴れ馴れしくされて、「誰だ、こいつは」って顔をされて、じっと睨まれて終わりということもないとは限らない。下手に声をかけて怖がらせちゃったら、申し訳ないですしね。

でも、考えてみたら、人生の末期を迎えた人がマイナス思考になるのは、それほど不自然ではないかもしれません。終わっていくわけですからね、人生が。人にもよるでしょうけど、明るくいろというのは土台無理な話かもしれません。マイナス思考になるのも、それはそれで一つの老い方なのかもしれませんよね。

僕だって、施設に入ったらやっぱりマイナス思考になっちゃうかもしれない。まあ、それほど人に迷惑をかけるわけでもないなら、それはそれでいいかという気もしますけどね。

「一人は気の毒」なんて思い込み

僕は、現在一人暮らしです。家族はいますけど、家が二軒あるので別々に暮らしています。日中はアシスタントがいますから、一日中一人で家にいるわけじゃありませんけど、一人暮らしってやっぱりいいですよ、最高ですよ。本当に、これほどいいものはないって心底思いますよね。

家族というのは、そもそも面倒臭い存在かもしれません。気を使ったりなんだりして。よく「家族は気を使わなくて済む」と言われますけど、これ、ウソです。一緒に暮らしてて気を使わずに済むわけがないじゃないですか。

もちろん、「家族と一緒がいい」「家族がいたほうが幸せだ」と言う人もいていいと思います。家族といるのが悪いと言うつもりは決してありません。でも、だからって「家族がいないのは不幸だ」という風潮はどうかと思うんです。

だって、実際に家族と離れたほうが幸せだという人はたくさんいますし、誰かと暮らすより一人暮らしのほうが気楽でいいという人もいっぱいいます。

にもかかわらず、いまだに「一人暮らしは気の毒だ」という考え方が世間にはそこはかとなく蔓延している。何かこう、「家族＝人としての幸せ」っていうパターンが、みんなの頭の中に刷り込まれちゃってるんでしょうかね。でもそんなの、ただの思い込みにすぎません。

あるいは中には、「みんながそうだから」という世間体で、無理やり「家族＝幸せ」という思い込みにしがみつこうとしている人もいるかもしれません。本心では一人が気楽でいいと思っているのに、周囲の目を気にして一人になることを恐れてしまう。

人に迷惑をかけたり、悪いことをしているわけじゃないんですから、世間体なんか気にする必要はこれっぽっちもない。だいたい世間のほうだって、一人ひっそり楽しく暮らしているものに、後ろ指をさすわけがないですよ。

ただ、一人ぼっちで引きこもってしまうような一人暮らしは、やっぱりよくないですね。コミュニケーションをとるのがイヤで、とことん人を避けて暮らす。そういう極端な一人暮らしだと、むしろ人に迷惑をかけてしまうことになりかねません。

日本人男性の場合、定年を機に引きこもってしまう人は多いと思います。

仕事が生きがいで、ずっと仕事だけをやってきて、それなりに社会に必要とされているうちはいいけれど、定年になったとたん、居場所がなくなってどうすればいいかわからなくなってしまう。

家族がいると言っても、お金を持ってくるでも家事をするでもない人間を、手放しで温かく迎えてくれるわけもない。ひどいと言えばひどい話ですけど、これが定年後に待ち受ける現実でもある。その結果、引きこもったりうつになったりということになってしまうのも、あながちわからないではありません。

でも、だからこそ、やっぱり家族じゃなくて自分なんですよね。家庭や、組織や集団に頼るんじゃなくて、自分と向き合って自分はどうしたいかを考える。残された何十年かをどう生きていくか、きちんと考えなきゃいけないわけですよ。

一番いいのは、何か社会の役に立つこと、仕事でもボランティアでも、他人から必要とされていると感じられる何かをすることですよね。でも、そういうものが見つからない場合は、昔からやってみたかったこと、趣味でも遊びでも、やりたいことをやってみたらいいと思います。

誰の役に立たなくても、他人に迷惑がかからなければ何をやったって構わないんです。バカバカしいことだって、自分が楽しければそれでいい。見栄も世間体もかなぐり捨てて、一人で楽しいことをしたらいいんです。

なんだったら、僕のように一人暮らしをしてみたらどうでしょう？「老後は子や孫に囲まれて過ごすのが幸せ」なんて、もう古いですよ。

「月収1万」で生きるサバイバル魂

お金は、自分で使い切って死ぬのが一番だと思います。子や孫になにがしか残そうなんて、考えなくていいと思います。

使い切れないくらい持っているという人は別ですけど、そうでもないなら自分で使っちゃったほうがいいです。老後の生活に困らない程度に、好きに使って構わないんじゃないでしょうか。

ちなみに、老後は2000万いるとか3000万いるとか、いろいろ言われますけど、そんなに必要ないですよ。

そりゃ、今までの生活を維持しようとしたらそのくらいかかるでしょうけど、収入が減るなら減るなりに、生活を縮小すればいいだけの話です。車を手放すとか、家を売ってアパートに住み替えるとか。そのくらいの切り替え、やろうと思えば誰だってできますよ。

僕は今のところ、車も家も手放さずに済みそうですけど、いざとなったら平気ででできます。不思議なくらい、車にも家にも執着はありません。一度上げた生活はなかなか下げられないとか言いますけど、ンなもん、いくらでも下げられます。「金がないんだからしょうがねえな」って思うだけですよ。

「節約バトル・1ヶ月1万円生活」みたいな番組があるでしょ？　ああいうサバイバル的なことが大好きなんです。だからお金がないとなったら、何をどう切り詰めて、必要なものをどう確保するか、それはもう楽しんでサバイバルすると思います。

実際、仕事場では僕が料理してみんなに食べさせるんですけど、買い物する前に、まずは冷蔵庫の残り物活用ですよ。これを使ってどう料理するか、余計なお金を使わずに済ませるにはどうするか。ケチってるわけじゃないですよ、お金を使わずに美味しいものが作れるなら、それに越したことはないじゃないですか。

料理でもなんでも、サバイバル魂があれば、どうにだってなります。「手持ちのものでどう乗り切るか」という考え方が身についていれば、何があってもなんとかなると思えます。

勤め先をクビになるかもしれない。病気になるかもしれない。想定外の何かが起きるかもしれない。そういう取り越し苦労に悩まされないためには、「何かあったらあったで、その時そこで考えればいい」という胆力を養っておくこと。

そのためには、サバイバル魂で、冷蔵庫の残り物でいかに今夜のメシを確保するか作戦を練る（笑）。ちっちゃいことかもしれませんけど、こういう試行錯誤を重ねるのって案外大事です。サバイバル的なことを考えるの、結構楽しいですしね。

でも、じつをいうと僕はサラリーマンを辞めて漫画家になって以来、お金の苦労をしたことが一度もないんです。

こういう職業だと、食えない時期があるのが普通かもしれないんですけど、幸い漫画賞に応募して入選して、すぐに仕事の依頼をもらえるようになりましたから、経済的に困ることはまったくありませんでした。

挫折を知らないと言えばその通りなんですけど、振り返ってみれば、人一倍努力もしていたと思います。ただ、必死に努力したという記憶はあまりないです。とにかく漫画を描くのが好きだったから、苦しいとか辛いとかは一切感じなかった。むしろ楽しいことをして、遊んで暮らしていたような感覚というのが正直なところです。お金より何より、そこが一番恵まれていたかもしれません。

だけど僕、やっぱりよく働いていると思いますよ。自分で言うのもなんですけど、速いんです、仕事が。というか、せっかちなんだな。何事につけても、決めたらさっさとやるのが僕の強みかもしれません。

活気があったほうが怠けずに済む

僕は漫画家という仕事が大好きで、天職だと思ってますけど、「あれを書きたいこれを書きたい」って積極的に仕掛けていくほうでもないんです。

どちらかというと、編集者から「これはどうですか?」って提案されて、「じゃあやってみます」と引き受けるタイプ。でも、引き受けた後は僕一人で作品作りを進めて、編集者との打ち合わせはほとんどしません。編集者がストーリーを考えて提案してくることもありますけれど、残念ながら毎回ボツ。やっぱり自分で考えて描いたほうが、納得のいく作品になるんですよね。

と言っても、駆け出しの頃は編集者の言うことに従ってました。「ラストはこうしたほうがいい」と言われれば、「ちょっと違うのになあ」と思いながらも受け入れて描き直していました。新人がベテラン編集者に逆らうわけにもいきませんからね。

ただ、そうやって仕上がった作品は、やっぱり僕的には納得がいかない。単行本を見るたび、「なんでこういうふうにしちゃったんだろう」って、いまだに自己嫌悪ですけど、これは仕方ないです。イヤだと突っぱねたら、作品を発表できない。こういう時はぐっと我慢の子で、大人にならないといけないんですよね。

でも、漫画家ってこういう時、大人になれない人がとても多いんですよ。才能があるのに途中で終わってしまう人は、たいていそれです。編集者の意見を聞かないでごねたりする。これ、ものすごく損なことですよ。

だって、もしも紙面に30ページ空きができたとして、言うことを聞く僕みたいなタイプと才能はあるけど言うことを聞かないタイプがいたとしたら、編集者はどちらに頼もうと思うか。そりゃ、言うことを聞くほうですよ。いくら才能があったって、面倒臭い奴には誰も頼みません。

結局、実力一本の世界に見えて、漫画の世界も人間関係が重要なんです。なんだってそうですけど、一人でやれることなんて一つもない。誰かの協力を得るというのは、新人だろうとベテランだろうと、すごく大事なことだと思います。

それは、仕事を共にしているアシスタントにしてもそうです。安く使おうとか、適当に付き合っておけばいいやと思っていたら、仕事は続けられない。多少手間がかかっても、一緒に仕事をする相手には気配りしないといけないですよね。

漫画家になりたい人って、人間関係が苦手な人が多いから、時々アシスタントどうしで言い争いになることもあるんです。そういう時は、僕が間に入って「まあまあ」みたいなことをやる。正直面倒臭いですけど、仕事に関しては一人でやるより、何人かいてワイワイやってたほうが、やっぱりはかどるんですよね。

というのも、一人でやってるとどうしても怠けちゃうんですよ。好きな音楽を聴いたり、本を読んだり、テレビを見たり、居眠りしたり（笑）。結局仕事は一人で黙々とやるより、活気のある中でやるのがいいということになるんです。

本書をお買い上げいただき、誠にありがとうございました。
質問にお答えいただけたら幸いです。

◎ご購入いただいた本のタイトルをご記入ください。

『　　　　　　　　　　　　　　　　　　　　　　　　』

★著者へのメッセージ、または本書のご感想をお書きください。

●本書をお求めになった動機は？

①著者が好きだから　②タイトルにひかれて　③テーマにひかれて
④カバーにひかれて　⑤帯のコピーにひかれて　⑥新聞で見て
⑦インターネットで知って　⑧売れてるから／話題だから
⑨役に立ちそうだから

生年月日　西暦　　年　　月　　日（　　歳）男・女				
ご職業	①学生	②教員・研究職	③公務員	④農林漁業
	⑤専門・技術職	⑥自由業	⑦自営業	⑧会社役員
	⑨会社員	⑩専業主夫・主婦	⑪パート・アルバイト	
	⑫無職	⑬その他（　　　　　　）		

このハガキは差出有効期間を過ぎても料金受取人払でお送りいただけます。

ご記入いただきました個人情報については、許可なく他の目的で使用することはありません。ご協力ありがとうございました。

郵便はがき

料金受取人払郵便

代々木局承認

6948

差出有効期間
2020年11月9日
まで

1518790

203

東京都渋谷区千駄ヶ谷4-9-7

(株) 幻冬舎

書籍編集部宛

1518790203

ご住所 〒

都・道
府・県

フリガナ

お名前

メール

インターネットでも回答を受け付けております
http://www.gentosha.co.jp/e/

裏面のご感想を広告等、書籍のPRに使わせていただく場合がございます。

幻冬舎より、著者に関する新しいお知らせ・小社および関連会社、広告主からのご案内を送付することがあります。不要の場合は右の欄にレ印をご記入ください。

不要 □

もっとも、作業そのものは本当は一人でやるのが一番なんです。だって、アシスタントに任せると、僕が期待したクオリティの6、7割くらい、ひどい時なんか、3割しかできていなくて、残りの7割はイメージしたのと全然違うのを描いてくることもありますから。

もちろん、さすがにこれはまずいという場合は描き直しますけど、締切が迫っていて時間がない時などは、「うーん」という状態で出さざるをえないこともある。アシスタントを使うというのは、こういう歯がゆさもあるわけです。

おまけに、僕のアシスタントは50代、60代の人間です。視力が落ちて、虫眼鏡を使いながら描いてははみ出しちゃったりすることもある。70代の僕のほうが元気がよくて、「おいおい大丈夫か?」って心配することもあるくらいなんです(笑)。

でも、そんな手間や煩わしさがあっても、やっぱり誰かと協働したほうが、仕事の効率はいいんじゃないかという気がします。面倒臭い分、楽しいと思うこともありますしね。

「人間観察」をライフワークに

よく人間観察をします。

例えば電車に乗ったら、つり革を握っている人の腕の付け根なんかを見て、「ああ、この人の腋の形はこうなんだな」とか、ちょっと肉付きのいいご婦人の背中を見て、「太ったら肩甲骨の下にグッと肉がはみ出るのか」「こういうふうに肉が付くのか」という感じで、気になったところをウォッチするんです。

もちろん、まじまじと見たりはしませんよ。気づかれないようにチラッと見て、「こう描けばいいな」と記憶に刻む。一分たりとも無駄にせず人や物を観察するのが、習慣になっているんですよね。

こういう観察を習慣にしていると、「どう描けばいいんだろう」って常々引っかかっていたものに、思いがけずヒントが与えられることもあります。

例えば、ハイヒールを履いた女性の後ろ姿って描きにくいんですけど、ある時、電車の座席に座ったら、向かいで立っている女性の足元がパッと目に入って、「ああそうか、ヒールの足元はここをこう描けばいいんだな」って、うまく描けるコツみたいなものを見つけることができました。

プロとして数多く漫画を描いていても、いまだにうまく描けない角度って結構あるんです。何しろ世の中には数え切れないほどの人、動き、風景が存在しますからね。現実をよりリアルに描写していくには、どれほど経験を重ねようと日々研究をしていかなきゃいけないわけです。

このことは、絵だけに限りません。人間がどう喋るのか、どう対話するのか。僕は人が話す内容や話し方にもよく聞き耳を立てます。

例えば、ファミレスで隣に座っている人たちの会話が聞こえてくると、それはもう、ものすごい耳ダンボで聞き入っちゃいます。

この二人、どういう関係なんだろう。ひょっとするとアヤシイんじゃないか……なんて勝手に妄想したりして（笑）。隣の人の会話に興味シンシンすぎて、僕と待ち合わせしてやってきた相手に、「もうちょっとで（隣の人の会話が）終わるから」って、打ち合わせをしばし待ってもらってたこともあります。リアルな他人の会話って、ほんと、退屈しないですよね。

喫茶店で打ち合わせしている最中に、自然と隣の会話が耳に入ってきちゃうこともよくあります。いつだったか、隣席にいた二人の中年女性が「あの人、こうなのよ」「わかるわかる、そうなのよね」って、意気投合している会話がどうしても気になって、思わずメモを取りそうになってしまいました。打ち合わせそっちのけになったらまずいから、さすがにそれはしませんでしたけどね（笑）。

僕の場合は極端かもしれませんけど、こんなふうに「外側」を見るって、結構大事なことなんじゃないでしょうか。人の様子や風景を改めて観察したり、知らない人どうしの会話に耳をそばだててみたり。好奇心を持って自分の外側を見てみると、思わぬ発見がたくさんあって、すごく面白いと思うんです。

年をとると、どうしても自分にばかり関心がいきがちになります。でも、あまり内面に深く入り込んでしまうと、くよくよしたり悩んだり、悪いことになりかねない。だから自分に没頭するより外の世界を観察する。これ、悪くないと思いますよ。

僕のオススメは、誰かと待ち合わせをした時に、約束時間の30分前に待ち合わせ場所に行くことです。で、その周りをちょっと歩いてみる。関心を持って眺めてみる。そうすると、「こんなところがあるのか」とか「あそこで集まっている人たちはなんだろう」って、きっと面白そうなものと出会えますよ。

僕自身も、待ち合わせの時はいつも30分前にその場所に行って、あれこれ見たり観察して回っているんです。待ち合わせ相手からは「30分も時間があったら退屈でしょう?」と言われますけど、とんでもない、30分家にいるほうがよっぽど退屈ですよ。楽しいことは、家の中より外の世界にあるんですから。

「貧乏性」でいこう

僕はどちらかというと合理的な人間です。時間を無駄に使うのが嫌いです。

「待ち合わせ場所に30分前に行って、そのへんを散歩して回る」と書きましたけど、それも要するに時間を無駄にしたくないからです。30分前に出られる余裕があるなら、住みなれた風景の家でグダグダせずさっさと出かけたい、一分一秒も無駄にしないというのが習い性になっているんです。

それに、余裕を持って出かけないと遅れてしまうこともあります。待ち合わせ時間に遅れたりしたら結局時間の無駄遣いになります。有意義に使えたかもしれない時間を失うなんて、こんなもったいないことないじゃないですか。

よく待ち合わせに遅刻する人がいますけど、こういう人ってだいたい、その時間ぴったりに来ようとするんですよね。でも、そうすると遅れるんですよ。だから待ち合わせするなら、余裕を持って出かけたほうがいいです。

そのほうが時間を無駄にせずに済むし、相手に待ちぼうけさせてイライラさせずに済みます。イライラがなければ物事はよりスムーズにいきます。スムーズにいけば時間の効率化になります。時間に余裕ができればその分また有意義なことができます。僕に言わせれば、30分前行動はいいことずくめというわけです。

でも、定年して時間ができると、多くの人が「何をしたらいいかわからない」と言います。「有り余る時間をどう使えばいいのか」と、時間があることを歓迎するどころか戸惑う人さえいます。貴重な時間を適当に使い潰そうとする人もいます。

例えば、以前近所でこういう人を見かけました。

朝早くから、大きな公園の池で釣り糸を垂れて、ちっちゃなフナを延々釣り続けている。釣った魚はその場でリリースする。時おりコンビニで買ってきたシュークリームを頬張りながら、じっと湖面を睨み続けている。

時間をどう使おうと、もちろんその人の自由ですけど、何時間もずっと水辺にとどまっている姿を見ていると、正直「もっと他にやることはないのかね」と思ってしまいます。僕がせっかちすぎるのかもしれませんけど、「やっぱり無駄な時間は作らないようにしよう」って、つくづく思ってしまうんですよね。

それと、最近「何もしない贅沢な旅」みたいなキャッチフレーズが流行ってますけど、こういうの、僕はたぶん無理です。「ホテルでくつろいで、ただ海を眺めているだけ」みたいな旅行は性に合わないと思います。

何しろ僕、ハワイとかに旅行しても、ホテルの部屋ですることがなくなると、ベッドサイドにあるメモパッドに絵を描くんです。あのメモパッドを見ると、じっとしていられなくて、ついつい何か描きたくなっちゃう。

で、何を描くかというと、窓から下を覗いて、通りを歩いている人を描くんです。いろいろな人が通りますからね、街中の通りは。肥満の女性を高い位置から見るチャンスってそうそうない。これを描かない手はないってもんでしょ（笑）。

だから、僕はホテルに泊まる時はオーシャンビューの部屋はとりません。街中が見えるシティビューのほうに泊まります。みんなオーシャンビューに泊まりたがりますけど、オーシャンビューなんて無駄ですよ、楽しいのは最初の10分くらい、あとはただの海、ただの水平線が見えるだけなんですから。

そんなものに高いお金をかけるくらいなら、街中の風景や人通りをじっくり眺められるシティビューのほうがずっと得です。値段も安いですから、お金と時間、一挙両得ですよ。

こういうの、貧乏性って言われるかもしれません。でも、無駄を作らないってことですから、貧乏性はいいことなんじゃないですかね。貧乏性を「ケチ」と思っている人もいますけど、必要なものを省くわけじゃないですからケチとは違います。

有り余るように見えても、手持ちの時間はどんどん減っていくんです。老後は無駄を省いて有意義な時間を作り出す、貧乏性でいくに限りますね。

健康の素は「買い物、シャワー、スクワット」

高齢になるとみなさん、健康に気を使い始めますよね。

できれば元気で長生きしたい。食事や睡眠に気をつけて、若々しいシニアライフをエンジョイしたい。そういう高齢者向けに、健康増進やアンチエイジングをうたったサプリメントなんかも、ずいぶんたくさん出回ってますよね。

僕も当然元気でいたいと思ってますけど、健康への意識はそれほど高くありません。というか、むしろ不養生な人間かもしれません。

何しろ深夜まで仕事して、寝床につくのは朝の4、5時。起きるのは朝の9時ですから、4、5時間くらいしか睡眠をとりません。まあサラリーマンじゃないですから、日中眠くなったら昼寝しますけど、やっぱり睡眠は浅いです。年をとってトイレが近いから、1時間おきくらいに目が覚めちゃいますし。

70代ともなると、寝つきが悪くて睡眠導入剤を飲んでいる人も多いと思いますけど、僕は基本薬のお世話にはなっていません。寝つきが悪い時はお酒を飲みます。

ただ、お酒を飲むと眠りが浅くなるんですよね。すぐに寝られるけど、すぐに目が覚めてしまう。なかなか眠れなくてもちょっと我慢すれば、10分ほどでパタッと寝られるともいうんですけど、前にも書いたように、僕、せっかちですからね、10分じっとしているのがダメなんです。

だって、パソコンが立ち上がるまでの何十秒かを待つのもすごくイヤなんですから。「チッ、何だよ！　何で早く立ち上がらないんだよ」って思っちゃう（笑）。だから、10分なんて耐えられない。で、お酒を飲んで寝ようとすると、どうしても何かつまみたくなる。結果、こんなぽっこりお腹になっちゃうわけです（笑）。

でも、あんまり健康に気を使いすぎるのも、かえって不健康という気がしませんか？　体格や体質が人それぞれであるように、健康状態も人それぞれ。8時間眠らなければ具合が悪い人もいれば、5時間で平気だという人もいる。

だから、「睡眠は7時間がベスト」とか「寝る前にお酒を飲んじゃいけない」みたいな健康常識にとらわれるのは、無意味なんじゃないかという気がするんです。まあ何事も限度はありますし、お酒の飲みすぎはよくないかもしれませんけど、健康オタクになって「こうしなきゃ！」に縛られる必要はないと思うんです。

例えば、よく健康維持のために歩かなきゃいけないと言われますよね。一日5000歩歩くのがいいとか、1週間に何回これをやるといいとか言いますけど、はっきり言って、面倒臭いなって思います。時間をとって運動するのも、健康のために管理されるのも、何だか窮屈じゃないですか。

だから僕は歩きません。時間をとって何か運動をするというのもやりません。重大な持病があるならいざ知らず、健康にそれほど問題がないのなら、できることをマイペースでやるのが一番じゃないかと思うんです。

僕の場合、ウォーキングはしませんけど、毎日買い物のためにスーパーの中で10〜15分程度歩きます。食材や日用品を入れたカゴを持って、店内を早足でくまなく回ります。これだけで十分、僕にとってはいい運動になっていると思います。

それと、僕はお風呂に入る時は湯船に入りません。真冬でもシャワーだけです。シャワーを浴びながら、スクワットして、ストレッチして、どこかおかしなところがないかチェックする。専門家がなんて言うかわかりませんけど、僕はこれを続けているおかげで、だいぶ違うんじゃないかという気がしています。

その証拠に、同窓会でも僕はかなり若いほうですよ。同級生の中にはものすごく老けちゃってるヤツがいて、思わず恩師と間違えたりして（笑）。だってすごいんですもん、白髪やシワが多くて。遺伝的なものもあるんでしょうけど、加齢の進み方というのも個人差が大きいんですかね。

念のため申し上げておきますけど、僕はサプリも飲んでないし、どこもいじってません（笑）。そのうちシワっぽくなるんでしょうけど、それはそれで楽しみです。

ストレスを溜めないコツは「まあ、いいか」

心身ともに若さを保つコツ、それは何と言ってもストレスを溜めないことです。

僕の場合、締切がストレスと言えばストレスなんですけど、それはもう慣れちゃったから平気です。「締切は絶対に守る」という使命を長年自分に課してきたせいか、何があっても間に合わせるという自信もあります。多少無理しても、それほど負担に感じません。

ただ、寝る時間を削ってまでやるというのは、最近はほとんどなくなりました。そういう場合もないことはないんですが、早め早めで手を打って、負担を少なくするように心がけています。まあ、どうしても間に合いそうになくて、楽しみにしていたゴルフを泣く泣くキャンセルということはありますが、それも特にストレスというほどではありません。

でも、ストレスっていくら溜めないようにしようと思っていても、知らないうちに溜まってしまうこともありますよね。我慢していないつもりでも、我慢になってしまっていることもある。「このくらい平気だ」と思っていても、日々積み重なるうちに大きなストレスになっているということもある。手の打ちようもないほど大きくなる前に、ストレスは早めに解消するに限りますよね。

そこで僕がオススメしたいのが、「まあ、いいか」です。

イヤな思いをした時、「まあ、いいか」と言ってみる。腹が立つことがあったら、「まあいいか、しょうがないよね」とつぶやいてみる。その日のうちに、あるいは1週間を振り返って、ストレスだなと思い当たる出来事があったら、それに対して「まあ、いいか」と一言、独り言のように言ってみるんです。

たかが一言ではあるんですけど、これ、結構効くんです。ウソじゃありません。試しにやってみてください。口に出して言うと、本当、気持ちが落ち着くんじゃないかと思います。

ちなみに、「まあ、いいか」に続けて、「それがどうした」と言うのもオススメです。「気にするほどのことじゃないさ」「なんとかなるから大丈夫だ」という気になるはずです。これも試しにやってみてください。

で、さらに続けて「人それぞれ」と言うと、もっと気持ちが楽になると思います。イヤな目に遭った、腹の立つことを言われた、でも、人間は性格も考え方も人それぞれ、気にしたって仕方ない。そう自分自身に言い聞かせれば、落ち込んだりイライラしたりする気持ちがフワッと軽くなるのではないかと思います。

だから、ストレスが溜まりそうだと思ったら、「まあ、いいか」「それがどうした」「人それぞれ」でいきましょう。騙されたと思って、やってみましょう。お金も手間もかからない、じつに簡単なストレス解消法だと思いますよ。

僕も実際、いろいろなことをこれで乗り切ってきました。サラリーマンのように上司との人間関係で苦労するということはなかったですけど、漫画家としてここまでくる間には、それなりにイヤな思い、不本意なことを強いられる経験も一、二度ならずありました。

でも、世の中腹を立ててもどうしようもない、抗《あらが》ってみてもどうにもならないこともある。先に進むためには、潔く諦めることが必要な時もある。「まあ、いいか」は、前向きな意味での諦観でもあるんです。

これが習慣にできると、多少のことじゃ腹も立たない、いつまでもくよくよしない、ストレスに強い自分になっていくと思います。「まあ、いいか。ハハハハハ」って、笑い飛ばせる自分になると思います。

僕なんか、これのおかげですっかり人間ができて、今じゃ「ホトケの弘兼」ですから……と言いたいところですが、スーパーのレジでモタモタ会計している人を見ると、いまだにイラッとしてしまいます。「はよせんか！」とキレずに済んでいるのは、やっぱり「まあ、いいか」のおかげかもしれません（笑）。

お墓は本当に「どうでもいい」

僕は無宗教です。特に信心もしていません。おそらく、ほとんどの日本人がそうだと思います。

でも、なぜかみんなお墓だけは大事にしますよね。普段はお寺なんか行かないし、初詣以外は神仏に手をあわせることもしないのに、お墓をどうするかということにはすごくこだわったりする。いったいどうしてなんでしょうね。

僕はお墓について気にしたことは一度もありません。どこのどういう墓に入るかなんて、どうでもいいと思っています。なんなら墓なんてなくてもいい。そのへんにばらまいてもらったっていいとさえ思っています。

お墓って、「○○家の墓」とかいって、家制度みたいなものとくっついている場合が多いですけど、そういうのもどうだっていいです。僕は長男ですけど、弘兼家の墓なんて意識したこともありません。

最期までそんなものに縛られるなんて、バカバカしいことこの上ないです。どこにどう葬られようと、死んでしまったらわからないんですから、気にするだけ無駄です。無駄なことを考えてみたって仕方ないじゃないですか。

でも、最近は「死んでまで夫と同じ墓に入りたくない」という女性が増えていると言いますよね。それも気分的なものだと思いますけど、嫌いな相手と同じ墓に入りたくないっていう気持ちはあながちわからなくはありません。

そういう人は、嫁ぎ先でなく実家の墓に入ったらいいと思います。散骨でも樹木葬でも、自分がこうしたいというやり方を選べばいいと思います。これからはもう「○○家」とか後継《あとつぎ》とかいう時代でもないですから、お墓でもなんでも、人生一代で終わらせるというのが一番いいんじゃないでしょうか。

僕はお墓だけでなく、葬式もどうでもいいと思っています。別にやってくれなくてもいいと思っています。こういう人にこういう弔辞を言ってもらいたいというのも、特にありません。

ただ、周りの人たちがお別れ会のようなことをやってくれるとしたら、生前にビデオを撮って、それを流してもらってもいいと思っています。

もう死んでいくんだなとわかったら、「お酒は○○が大好きだった」とか「映画は『天国と地獄』が一番好きだった」とか、いろいろなことを僕が語る動画を作って、それを会場で流してもらうんです。ちょっと笑える、ユーモアのある演出なんかを交えてもいいですよね。

そうすると、湿っぽいお葬式にならずに済みます。笑いが起きるような、明るいお別れの会になります。

お葬式は大きな遺影を飾るのが一般的ですけど、僕は遺影より動画を流したほうがいいと思います。そのほうがその人らしさが表現できて、故人を懐かしく思い出せるような気がします。これからは遺影より、生前の動画を流すなんていうお葬式も出てくるんじゃないでしょうか。

こだわりというほどのものじゃありませんけど、湿っぽいより楽しいほうが、やっぱり僕らしいこの世の去り方だと思っています。

第3章

「身勝手山」から、下りるべし

最後に笑うのは「謙虚な」お年寄り

老後は自分らしく、好きに生きるのが一番です。しがらみにとらわれる必要なんかありません。でも一つだけ、忘れてはいけないことがあります。

それは、年をとるほどますます謙虚に生きるべきだということ。「実るほど　頭《こうべ》を垂れる　稲穂かな」という諺《ことわざ》のように生きることです。

残念ながら、人は得てして年をとるほど横柄になります。若い人に対して偉そうな態度を取ってしまいがちです。

でも、そんなことをしていたら間違いなく嫌われます。身勝手で感じの悪い年寄りだと相手にされなくなります。そうなったら、いざという時、誰も助けてくれなくなります。

例えば、同じ病室に二人のおじいさんが入院していたとします。一人は横柄で身勝手なおじいさん、もう一人は謙虚で礼儀正しくふるまうおじいさん。二人が同時に命が危なくなって、どちらか一人しか助けられないとなった場合、どちらを優先的に助けるか。当然、後者ですよね。

もちろん、命の重さには変わりありません。どんな人だって助けられて然《しか》るべきです。でも、人情としてどちらを大事に思うかといったら、やっぱりいいおじいさん、謙虚で優しいほうを助けようという気になってしまいますよね。

だから、年をとるほど謙虚になって、好かれる年寄りになるよう心がけたほうがいいです。好き勝手にふるまって損をするより、周囲から好かれて助けてもらったほうがずっと得。謙虚になるということは、老後を生きる術《すべ》の一つと心得て、「身勝手山」からは下りるべきなのです。

まあ中には「身勝手山」が許される人もいます。ものすごい資産を持っているか、多少好き勝手をしても人から嫌われないようなキャラクターの人です。

昔はそういう「愛されキャラ」など老人が結構いました。例えば、女優さんのお尻を触っても全然嫌がられない大御所俳優。「触られちゃったわ」「あら、私もよ、いやあね（笑）」で済まされちゃうトクなタイプ。まあ、こういう人は特別中の特別ですから、普通の人は真似できませんよね。

中には金にものを言わせて、思う存分身勝手山をやるお年寄りもいますけど、相手は表面的にペコペコするだけで、本心では何を考えているかわかりません。いくらお金を積んでも、人の心まで思い通りにすることはできませんからね。

とはいうものの、実際のお金持ち、例えば大企業の社長さんや会長さんというのは、僕の知る限り「身勝手山」とは程遠い、謙虚で人徳の高い人がほとんどです。僕はビジネス誌の対談企画などで、経営者にお会いする機会も多いのですが、みなさん驚くほど丁寧で、「実るほど頭を垂れる」を地でいくタイプの方ばかりです。

例えば、化粧品や健康食品で知られるファンケルの創業者・池森賢二氏（名誉相談役）もその一人。僕がお会いした時は80歳になられていたと思いますが、10歳も年下の僕にも丁寧に話しかけてくださり、すっかり心を鷲摑みされてしまいました。

しかも、池森氏は若々しくて行動力も抜群です。今も積極的に現場に足を運ぶと言いますから、おそらく若い社員たちと交流されているのでしょう。年齢を感じさせない意欲的なお姿に、僕は深く感銘を受けたのです。

一方、それとは真逆の年寄りをしばしば見かけます。僕はネーム作りのためによくファミレスに行くのですが、若い店員さんに「おい、水！」とぞんざいに声をかけたり、横柄な態度を取ったりする年寄りがいます。

こういうのは、端から見たら見苦しいことこの上ないです。人間が小さく見えます。些細なことに思えるかもしれませんが、こういう態度の積み重ねが老後の人生を左右すると言っても過言ではありません。

喜寿ともなれば身勝手山でも許される、は一昔前の話。現代の高齢化社会で最後に笑うのは、「死ぬまで謙虚なお年寄り」なのです。

「家庭内一人暮らし」のすすめ

高齢になって、寝室を別々にする夫婦が増えていると言います。部屋を別々にしないまでも、寝床を離したり間仕切りを設けたりして、夫婦別々に寝る。仲が悪いわけではないけれど、そのほうが相手に気兼ねなく快適に過ごせるから楽でいい。こういう気持ち、僕もよくわかります。

だって、体を休める時はのびのびと寝たいし、誰に遠慮することなく、好きな時間に好きなように眠りたい。若いうちならともかく、50歳、60歳になったら配偶者と寝たくないと思うのは、ある意味自然なことなんじゃないでしょうか。

もっとも夫婦別寝を言い出すのは、たいていは奥さんのほうです。

いびきがうるさい。飲んで帰って酒臭い。「あなた、あっちに行って寝て」と奥さんに言われて別々に寝るようになった。僕の知り合いでも、こういう旦那さん、結構多いです。

でも、寝室に限らず、夫婦がそれぞれの部屋を持つのはとてもいいことだと思います。僕はたまたま家が二つあるので、別居という形をとってますが、まあさすがに別居は無理でも、別室にするのは可能ですよね。たぶん、子どもが出た後の空き部屋なんかがあるはずですから。

そういう部屋をほったらかしたり物置にしたりしないで、夫婦どちらかの部屋にしたらいいんです。で、寝室をもう片方の部屋にして、家の中にそれぞれのテリトリーを持つ。常に漫然と一緒にいるより、そのほうが清々として暮らしやすいんじゃないでしょうか。

夫婦で部屋を別々にするというと、「家庭内別居」の文字が頭をよぎるかもしれません。他人には言えない、何か後ろめたいことをしているようなマイナスイメージを持つ人もいるかもしれません。

そういう場合は、「家庭内一人暮らし」と考えてはどうでしょう。別々に暮らすというより、それぞれが自立して一人暮らしをしていると考えてみる。これだと何か新鮮な、前向きなことをしている気持ちになれるかもしれません。

一緒になって10～20年くらいは、家をどうしようかとか、子どもの教育をどうしようかとか、夫婦で共通の目的がありますよね。でも、子どもが大きくなると共通の目的ってほとんどなくなります。

そうなったら、無理にくっついてないで、それぞれがそれぞれの部屋で、好きなことを好きなようにやって暮らせばいいんです。

プラモ作りに没頭するもよし、機械いじりや書き物をするもよし。で、ご飯を食べる時だけ一緒に食べて、またそれぞれの部屋に戻って好きに過ごす。こういう過ごし方が、お互いに一番充実するという気がするんです。

とはいうものの、定年後の男性の多くは奥さんに依存しがちです。身の回りのことは奥さんにしてもらって当たり前。旅行や趣味を楽しむのも夫婦で一緒にやるのが当たり前。そう思い込んで、奥さんの出かける先々についていこうとする「濡れ落ち葉夫」も少なくありません。

でも、これでは仮に奥さんが亡くなりでもしたら、何もできずに死を待つだけの状態になりかねません。老後を楽しくと願うなら、進んで家事をやるなり趣味を見つけるなり、妻から自立し一人で生きていける術を身につけるべきなのです。

「家族のためにがんばってきた挙げ句、今度は家事をやれというのか」と思う気持ちを持つ人もいるでしょう。でも、妻もまた家族のために、身を粉にして長年家庭に尽くしてきたのです。だから、「家のことも夫のこともう卒業したい、自分の時間を好きに使いたい」という妻の気持ちを理解して、相手を楽に、自由に過ごさせてあげることを考えましょう。

互いに自立し、一人を楽しみながら、時々時間を共有する。夫婦の距離は、そのくらいがちょうどいいんですから。

「集団の中の孤独」は悪くない

最近、シニアの間で「一人カラオケ」が流行っていると聞いたことがあります。と言っても、歌を歌うわけではありません。仕事をするための事務所代わりに使うのだそうです。

カラオケボックスは防音個室ですから、他人の声も気になりませんし電話もできます。料金も、飲み物を入れて1時間1000円程度で利用できるといいます。喫茶店やファミレスより、便利と言えば便利かもしれません。

でも、僕はやっぱりファミレスが好きです。漫画のネーム作りをする時、僕はよくファミレスを利用するのですが、一人こもって考えるより、大勢の中のほうがはかどるからです。

「集団の中の孤独」っていうんですかね。静かな環境にいるより人が周りにいるほうが、かえって孤独になれて作業に集中しやすくなるんです。

作家さんの中には、電車に乗ってアイディアを考えるという人もいます。山手線に乗って2周くらいするうちに、ネームを作るという人もいます。おそらく、みんな一人きりの部屋で考えるより、大勢の中にいたほうが頭が冴えて、いい考えが浮かぶんじゃないでしょうか。

「集団の中の孤独」って、普通はあまりいい意味で使われないかもしれません。人が大勢いても寂しさを感じるとか、誰かといても常に孤独感があるとか、ネガティブな印象を受けるほうが多いかもしれません。

でも、僕に言わせれば逆です。大勢の中の孤独はいいことです。大勢いたら気が散って作業に集中できないんじゃないかと思われるかもしれませんけど、騒音にならない程度の雑音があったほうが、むしろ自分の世界に集中できるんです。

いつも誰かと一緒にいたい。一人は寂しくて耐えられない。そういう人も多いみたいですけど、はっきり言って、僕はそういう気持ちが全然わかりません。

だって、一人で寂しかったらテレビでもラジオでもあるじゃないですか。テレビを見ればいつだって何か楽しいことをやってますし、ラジオを聴けば必ず何か面白いことを喋ってます。そういうのを見たり聴いたりすれば、寂しいことなんてちっともありません。

家の中で一人きりでいるのが寂しいというなら、外に出てコンビニでも喫茶店でも行ってみたらいいと思います。いろんな人がいっぱいいます。いろんなことをしていろんなことを喋ってます。そういうのを眺めてると、結構退屈しないんじゃないかと思うんですけどね。

でもまあ、ずっと会社勤めしていた人が、定年して何もすることがなくなって寂しさを覚えるというのは当然と言えば当然かもしれません。おそらく、自分が求められていないという状態が苦痛なんですよね。それが寂しさにつながって、孤独感を募らせてしまう。ある意味、人間らしいとも言えるかもしれません。

その点僕らのような漫画家は、気楽と言えば気楽です。何しろずっと孤独ですから。アシスタントはいるにしろ、ネームを考えるのも作品を仕上げるのも、基本一人でやるわけですから。

そりゃ、一人は一人なりに大変なこともあります。でも、だから寂しいとはまったく思いません。ずっと孤独でやってくれば、一人でいるのにも、誰にも構ってもらえないのにも、だんだん慣れて平気になるんです。

だから、今は寂しかったとしても、いずれ孤独に慣れて平気になると思います。そのうち一人でいるほうが楽しくなるかもしれません。どうしても寂しい時は、僕のようにファミレスに行って、集団の中の孤独で自分に集中するといいですよ。雑音の中での考え事って、案外いろいろなことがクリアになるもんです。

「一言居士」は嫌われる

漫画家になって、早《はや》50年が経とうとしています。いうまでもなく、業界ではベテランの部類に入ります。

何十年と現役で漫画を描いてくれれば、むろんそれなりの原稿料をいただけます。希望する金額を交渉しやすくもなります。実際かつて大人気だったある先生は、僕の何倍もの原稿料をもらっていると噂されていました。あまりに破格だったので「え！そんなにもらってるの！」って驚いちゃったんですけどね。

これと逆のパターンもあります。さる大御所先生は、原稿料を上げてほしくないと言って、普通の漫画家とさして変わらない額で描かれていたそうです。おかげで他の漫画家たちが困ってしまった。大御所先生よりもらうわけにはいかないですからね。

ちなみに、僕は原稿料をもっと上げてくれとごねたことは一度もありません。交渉すれば上げてくれるんでしょうけど、今のところそうするつもりもありません。だって、要求し出したらキリがないです。常識的に考えて不満があるならともかく、人と比べて文句を言ってみても意味ないですからね。

でも、中にはいると思います。「あいつはこれだけもらっているのに、どうして俺はこれだけなんだ」とか「俺がこの程度なんだから、あいつもこの程度にしろ」と言ってごねる人。本気でそうしてほしいと思っているわけでもないのに、何か一言物申さずにはいられない人。

特に年寄りに多いと思いますけど、こういういちいち文句をつけるタイプは嫌われます。あれこれ注文つけたり、一家言《いっかげん》持つのが年の功だと思っている人もいますけど、そんなのやめたほうがいいです。そもそもそんなことをしたって、自分が疲れるだけじゃないですか。

聞くところによれば、文学賞の選考なんかでもいるらしいです。みんなが言っていることにすぐ反対する人、これでよしとなったものに文句をつけて、乱暴にちゃぶ台をひっくり返しちゃう人。最後はほとんどケンカ腰になって、場を険悪にしてしまうお年寄りがいるのだそうです。

この方は結局、「みんなが俺の意見を聞かないなら俺は辞める！」と言って、本当に選考委員を辞めてしまったとか。まあ、お年寄りの言うことも大事だとは思いますけど、みんなを不愉快にさせるような物言いは、年寄りだからって許されることではありませんよね。

漫画賞の場合は、こういう揉め事はあまり聞いたことがないです。僕が言うのもなんですけど、漫画家さんっていい方が多いんです（笑）。「みなさんがそう言うならそれでいいです」って言ってくれるので選考もすぐ決まります。一言居士みたいな人、本当に少ないんですよね。

おそらく、主張するのが苦手な人が多いんじゃないですかね。小説家と違って言葉の人じゃないから、口で相手を論破するみたいな発想もないのかもしれません。漫画家の場合、好きなことをやってきたら有名になっちゃったっていう感じの方が多いので、よくも悪くも口下手な人が結構多いんですよね。

例えば、よくインタビューなんかで「この作品のメッセージは何ですか？」って聞かれますけど、ないんです、そんなもの。みんなほとんどないと思います。何もないですというのがカッコ悪いから、とりあえず「こういうことを伝えたいと思って描いています」なんて答えるけど、たいていはないと思いますね。メッセージ云々でなく、好きだから描いてる。もしかしたら違うかもしれないけど、少なくとも僕の場合はそうですね。

だから、人と比べるという発想も僕にはないです。若い頃は売れてるヤツをちょっと意識したりもしましたけど、今は皆無です。悔しいも羨ましいもなくて、ただ「ああそうなんだ」と思うだけです。

結局人生「人は人、自分は自分」ということだと思ってますから。

「気使い」したほうが気持ちよく生きられる

僕は基本的に「気を使う」人間です。

と言っても、他人を慮《おもんぱか》るとか、人に気使いできるとか、そういうのとはちょっと違います。要するに気を使うんです、人に対して。「こうしたら悪いな」とか「こうなったらかわいそうだしなあ」って。

例えば、漫画家はアシスタントをガンガン怒るというイメージがあるかもしれませんけど、僕はほとんど怒らないです。怒ってた時もありましたけど、やめました。というのも、怒ると後で反省しちゃうから、僕自身が。「あんなに怒ったけど、悪かったんじゃないかな」って後々まで気にしちゃう。そういうのが面倒臭くなって、結局怒るのをやめたんです。

本当は叱ったほうがいいとも思うんです。下手な絵を描いたりしたら、「もっとここはこう描け」「こうしたほうがいいんじゃないか」って。でも、言ってみても直らないヤツは直らない。才能のないヤツは、いくら口で言い聞かせても直すことができない。こういう相手にああしろこうしろと言ってみても、結局気の毒なだけなんじゃないかって思ってしまうんです。

世間では才能のないヤツは切られても仕方ないという風潮もありますけど、僕にはそういうことはできません。切られたらよそで生きていけるかわからない。万が一路頭に迷ったらどうするのか。そう思うと、やっぱり切れない。優しさや思いやりというよりは、気を使うからできないというのが本音なんです。

でも、漫画家の多くは天真爛漫というか、よくも悪くも気を使わない人のほうが多いですね。例えば何人かで飲んでいて、お金を置いていかずに「それじゃお先に」って帰ってしまうヤツがいるんですけど、これ、悪気はないんです。お金を持っていないわけでもないんです。

ただ、編集者や誰かに払ってもらうのに慣れてしまっていて、周りへの気使いができずに払い忘れて帰っちゃう。あとで「払えよ」って請求するのもなんだから、結局その場にいる人間が肩代わりすることになるんですけどね。そう考えると、僕のような気を使う人間は損だということになるかもしれません。

だけど、気を使うって大切なことじゃないかという気もするんです。

だって、道路を車で走ってて道を譲ってもらったり、エレベーターで「お先にどうぞ」ってされたりしたら、やっぱり気持ちいいじゃないですか。些細なことですけど、相手も自分も「あ、なんかいいな」と思うじゃないですか。

この「お先にどうぞ」っていうのは、世界共通じゃないらしいです。例えばお隣の中国では、こういう言葉はないと聞いたことがあります。あれだけ人口が多ければ、人に譲っている場合じゃないというのもわからなくはないですけどね。でもこうして考えてみると、日本人は他人に譲ったり与えたり、そういう気使いをわりとできる民族と言えるかもしれません。

実際混み合った道路なんかで車が合流する時も、日本ではたいていテレコで、互い違いに進みますよね。最近は煽り運転とか物騒な事件もありますけど、ああいうのは一部の話で、全体的に見れば譲り合いでいくケースが多いんじゃないかと思います。

でも、さりげない気使いでは、やっぱり欧米人にはかないませんね。

例えば外国のホテルで、朝エレベーターに乗ると、向こうの人は見知らぬ相手でも「グッモーニン」って挨拶してきますよね。日本では知らない人に挨拶なんかほとんどしないけど、向こうの人は目が合うと当たり前のようにニコッと笑って挨拶をする。

あれは一説によれば、すれ違う相手に対して「自分は敵じゃないですよ」と示すサインなのだとか。まさかニッコリ笑わなければ殺されちゃうなんてことはないでしょうけど、そういうのが自然と身についているっていいことじゃないでしょうか。

まあ、欧米人並みにというわけにはいかなくとも、ちょっと気を使うようにしていたほうが、先々得なことも多いんじゃないでしょうかね。

いらないものは、じゃんじゃん捨てる

僕は気を使うタイプだと書きましたが、そのせいか、どうしても人間関係を煩わしく感じてしまいます。

もちろん、人間関係が大事だというのは承知しています。でも、人付き合いはなるべく最小限で生きていきたい。「気を使わなくてもいい」と言われても、何かあればどうしても気を使ってしまうからです。

例えば、知人がどこかに旅行して、僕にお土産を送ってくれたとしますよね。そうすると、お土産を喜ぶより「お返ししなければ」と思う気持ちが先に来てしまう。「どこの店の何を贈ろうか」「どのタイミングで送ればいいか」とあれこれ時間をとって考えてしまう。その結果、「面倒臭いな」「人付き合いって煩わしいな」と思ってしまうわけです。

まあある程度気心の知れた人なら、もらいっぱなしでも構わないかもしれません。お礼を言うにしても、メール一本で済むかもしれません。

でも、仕事の関係者や普段あまり付き合いのない知人だと、そういうわけにはいきません。メールでお礼を言うだけでは済みませんから、自分が旅行した時に何かお土産を買って送ろうとなります。

そういう時のために、僕はお財布の中に「どこそこに行ったら、この人とこの人とこの人に、これこれを送ること」と書いたメモを入れておきます。相手のフルネームと住所を書いておいて、旅行先からその人宛てに送ります。

簡単なことのようですけど、これ、結構大変なんです。何枚も宅配便伝票を書いたり、うっかり送り忘れて「しまった！」って気を揉む羽目になったり。で、結局旅行をすると、旅行を楽しむよりお土産の心配ばかりするようになる。バカバカしい話ですけど、こういうの、案外多くの人が経験しているのではないでしょうか。

ですから、これから先は余計な人間関係は減らし、付き合いたい人とだけ連絡を取るに限ります。そうしたほうが、精神的にも経済的にも身軽になって、限られた時間を有効に使えるんじゃないかという気がするんです。

ちなみに、減らしたほうがいいのは人間関係だけじゃありません。身の回りにある本やビデオなんかも、思い切って捨てたほうがいいです。僕もここ最近、本やビデオをじゃんじゃん捨てました。すっきりして、本当に気持ちがよかったですよ。

僕は仕事柄、どうしても本が増えてしまいます。制作に必要な資料以外に著者謹呈の本を大量にいただくので、放っておいたらみるみる本が溜まってしまいます。目を通したいのは山々ですが、あまりにも多くてとても読み切れません。申し訳ないと思いつつ、処分せざるをえないわけです。

と言っても、昔は本をおいそれとは捨てられませんでした。一度手放してしまうと、なかなか手に入らないかもしれない。取っておけば何かの役に立つかもしれない。そう思って取っておくことが多かったのですが、今はそういうことはありません。

特別な古書などは別ですが、普通の本ならたいていネットで買えます。よほどのものでない限り、手に入らないということはありません。実際、絶版になってしまった僕の漫画もアマゾンで入手可能でした。

ですから、本は一度読んだら捨てる。必要になったらまた購入する。そういう付き合い方で十分なんじゃないでしょうか。

本やビデオだけでなく、古いカセットテープもレコードも、ここ数年でかなり処分しました。名残惜しい気持ちもありましたけど、そんなこと言ってたらキリがない。レコードを聴きたい時は、プレーヤーのある喫茶店やバーに足を運んで、そこで楽しめばいいと切り替えることにしました。家で聴ければ便利ですけど、そこでしか聴けない音楽をまったり楽しむのもなかなかいいもんです。

70の大台に乗って、僕もようやく「持たない豊かさ」がわかるようになったのかもしれません。

恋愛は「最後」までいかなくていい

定年後は余生だと思っている人、いっぱいいますよね。

でも、決してそんなことはありません。60歳、70歳を過ぎて花開いたり、一つのことを成し遂げる人も結構います。

例えば江戸の浮世絵師・葛飾北斎。彼がかの有名な「富嶽三十六景」を描き上げたのは70歳過ぎ。その後絵に対する情熱はさらに増し、80代になると肉筆画による巨大な天井絵も手がけたと言われます。

また、伊能忠敬が全国測量という偉業に取り組んだのも55歳から72歳にかけてです。

「ゲルニカ」で知られるパブロ・ピカソも、後年はドラクロワやマネなど過去の巨匠の絵をピカソ流にアレンジするなど、92歳で亡くなるまで新たな画風を追求し続けました。もっともピカソと言えば、絵画だけでなく女性遍歴のほうも精力的だったみたいですよね。

何しろ、ピカソは奥さんだけでなく愛人との間にも子どもを作り、61歳の時にさらに別の愛人に二人の子を産ませ、79歳でまたもや別の女性と再婚するという強者ぶり。もうそのエネルギーたるや、あっぱれというほかありません。

まあ今だったら、61歳で子どもを作ってもそれほど不思議でもありません。かつて俳優の上原謙さんが67歳で子どもを作ったことが話題になりましたけど、実際にその年齢になってみると全然違和感はありません。僕だって、まだまだいけるんじゃないかと思ったりします（笑）。

ちなみに、島耕作の絡みのシーンは、最近あまり描いていません。というのも、僕自身のことを考えると「もうあんまりできないだろうな」って思うから。性的に不能でなくても昔のようにはいかない。気持ちがあっても昔ほどの勢いはないかもしれない。そう思うと、性に対してちょっと「お行儀よく」なっちゃうんですよね。男性読者のみなさんにはご理解いただけると思うんですけど、若い頃って「とにかく最後までいきたい」っていう気持ちが強いですよね。「チャンスがあれば絶対にいくぞ！」という勢いがあったと思うんですけど、今はそういう勢いも昔ほどない。女性と楽しくお酒が飲めれば、もうそれで十分満足しちゃうんですよね。

世間にはサプリメントやバイアグラを使ってまでやり続けようとする人もいますけど、僕はそこまでの執着はありません。ま、と言っても女性とバーか何かに飲みに行って、相手から「え、帰っちゃうの？」みたいな反応されたら、「どうしたらいいんだ」って内心ドキドキしたりもするでしょうけどね（笑）。

だって、勢いがなくなったと言ってもまだまだときめきはあります。素敵な女性を見て「この人、いいな」と思う気持ちは今でもすごくありますから。

最後までいくかどうかは別にして、恋愛に対する感性はやっぱり持ち続けたほうがいいですよね。「もう恋愛なんかどうでもいいや」って諦めたり達観しちゃったりしたら、それこそ老け込んでしまいますから。

達観と言えば、あの良寛さんや一休さんも、70歳を過ぎて現役バリバリで恋愛を楽しんでいたそうです。良寛さんには貞信尼という尼さんが、一休さんには森女という盲目の恋人がいたのだとか。

あの当時で70歳を過ぎて恋愛って、本当にすごいですよね。「お行儀よく」なんて言ってないで、僕ら世代もガツガツいったほうがいいのかもしれない……という気にさせられちゃいますよね。

人によっては、60、70代で結婚を考える人もいるかもしれません。離婚するか死別するかして、誰かパートナーが欲しいと切実に考えている人も少なくないかもしれません。そういう人は、結婚もいいでしょうけど、人生を誰かと過ごしたいなら、結婚にこだわる必要もないと思います。大人の恋愛は必ずしも「最後」までいかなくてもいいんですから。

誘い文句は「ラーメン食べに行こう」

「男は若い女が好き」なんてよく言われますけど、僕はそうでもないです。年齢なんて関係ありません。実際若い女性より熟女のほうがいいっていう男の人、最近結構多いじゃないですか。

70代なら70代なりに、美しくて魅力的な人はいっぱいいます。例えば吉永小百合さんや十朱幸代さん（笑）。みなさんお年を召された分、さらに女性らしさに磨きがかかったという感じ。機会があれば、こういう大人の女性と食事をしてみたいですよね。

ただ、大人の女性を誘う場合、ガンガンいくのはいただけません。人にもよるかもしれませんけど、ガンガンいくとたいてい引かれます。うまく頃合いを見て誘わないと失敗しますよね。

例えば、ある程度話していい雰囲気になったのに、「食事に行きましょう」「出かけましょう」と誘った途端、断られてしまうということがあります。「これはいける！」と勢いづいて誘うと、かえって相手が重たく感じてしまい、逆にスッと去られてしまうわけです。

じゃあ女性を誘う場合、どうすればいいのか。どうすれば失敗せずにデートに誘えるか。僕のオススメの誘い文句は、「今度ラーメン食べに行きましょう」です。

どうしてかというと、女性からすると「今度食事に行きませんか？」だとハードルが高いからです。いきなり「お食事でも」と言われると、「え？　何か下心があるの？」って警戒してしまう。その点「ラーメン食べに行きませんか？」くらいだったら、ぐっとハードルが下がりますよね。

例えば、好きな食べ物やお気に入りの店の話をしていて、ラーメンの話題が出る。相手が「〇〇系の何味が好きだ」と言ったら、「それならどこそこにうまい店がありますよ、今度一緒に食べに行きませんか」と言ってみる。

こんな感じだと、デートに誘われた感もあまりなく、気軽に「じゃ、行ってみようかな」となりますよね。女性を誘う時はこんなふうに、少しずつ少しずつ近づいていくのがいいんです。

それに、ラーメンってカウンターなんかで横並びで食べますよね。そうすると、向かい合って食べるより距離も近くなります。料金もそれほど高くないから、男性におごってもらったとしてもそれほど気を使わずに済みます。

相手を警戒させず、気を使わせずにお近づきになるには、「ラーメン食べに行きませんか？」が一番の誘い文句ってことになるわけです。

実際、僕の知り合いでいましたよ。90歳のおじいさんが79歳の女の人を誘って、ラーメンを食べに行ったという話。句会か何かのサークルで知り合ったらしいんですけど、このおじいさん、「駅前にうまいラーメン屋があるから、一緒に食いに行かないか」って誘ったんだそうです。

女の人のほうは「二人きりか」と思わないでもなかったらしいですけど、「ラーメンくらいならいいか」となって気軽に出かけたそうです。二人ともさすがに完食はできなかったみたいですけどね（笑）。

要するに、大事なのは相手に対するちょっとした気使い、マナーなんですよね。「相手はどう思っているかな」「どうしたら気持ちよく応じてくれるかな」と様子をうかがうのも、相手を不快にさせないマナーなんです。こういうマナーを十分心得ていれば、食事に誘っても飲みに誘っても、そのうちうまくいくんじゃないでしょうか。

「テキトー男」になっても嘘はつかない

僕の友人で、なかなかのモテ男がいます。

学生時代からの付き合いで、若い頃よくつるんで飲みに行ったりしてたんですけど、そいつがまあ、二股三股当たり前。自分の部屋で女性どうしがかち合っちゃうなんてこともたびたびで、修羅場をやらかしたりもしてました。

で、そういうことがあると決まって僕のところに電話をかけてきて、「おい、ちょっとそっちに行っていいか」って頼んでくる。自分の部屋で女の子どうしがもめてるから、避難させてくれっていうわけです。僕も当時は独り身だったから、迷惑ってこともありませんでしたけど、泥沼騒ぎを起こした張本人なのに、スタコラ逃げるってどうしようもないですよね（笑）。

でも、そんないい加減なヤツなのに、なぜか女の人に憎まれないんです。ほとぼりが冷めると、もめた女の子たちと仲直りしてて、また別の彼女を作ってたりする。なんていうか、よくも悪くも優しいんですよね。

何しろそいつ、二股三股してるくせに、平気で「好きなのは君だけだよ」なんて言っちゃう。女の子から「ねえ、好きって言って」って言われると、「好きだよ」って臆面もなくホイホイ言う。マメでストレートなところが、女心をくすぐるってことなんですかね。

対する僕はと言えば、こういうセリフは絶対に言えません。「女はお前だけだ」みたいなことなんか口が裂けても言えません。

だって「女はお前だけ」なんて言い切れないし、好きかどうかと聞かれたら、「心から好きとは言えないかもしれないよなあ」って思っちゃう。

こういう時、本気でなくても「お前だけだ」「好きだ」と言えるのがスマートなんでしょうね。でも、僕はやっぱりそういうことは言えません。「うーん（絶対君だけとは言えないよなあ）」って言葉を濁しちゃいます。

融通が利かないというか臆病というか、そういうところがバカ正直で、おどおどしてるんですよね。だから、僕は間違ってもホストにはなれない。堂々と嘘をつくのは、性に合っていない。よく言えば本物の悪党にはなれない男なんです（笑）。

でも、女性に対して堂々と嘘をついちゃう男って、ちょっとかっこいいなと思うこともあります。

女たらしの役をやらせたらピカイチと言われた、ある俳優さんの話です。

彼、女性と一緒に寝ている時に「私と一緒に死んでくれる?」って言われて、すんなり「いいよ」って言ったんだそうです。なんの迷いもなく、堂々と。なんだかもうそれだけで、「うわぁ、すげえ」って思いますよね。男の僕から見ても痺《しび》れちゃいますよね。

僕だったら、「私と死んでよ」なんて言われたら、もうムードもへったくれもなく、ガバッと起き上がって「え！　なんで？　どうして？　なんかあったの？」ってあたふたしちゃいます。「え、それはちょっと……」って拒んだりしたら、相手が刃物でも振り回してくるんじゃないかってビビっちゃいます。

それが普通の男の反応だと思うんですけど、その俳優さんは優雅にタバコなんかをふかしながら、「いいよ、死んであげるよ」って言えちゃうわけです。だからいろんな女性にモテるんですよね。

「うつ」が出るのも、ちょっと楽しみ

最近、「定年うつ」になる人が増えているといいます。

長年の仕事や職場を離れたために、居場所を失くしたと感じてしまい、体がだるい、やる気が起きないなど、心身に不調をきたすのだそうです。

ちなみに、うつになりやすい人の特徴は、「真面目で責任感が強い」「コミュニケーションが苦手」「趣味などの楽しみを持っていない」。これって、日本のサラリーマンの多くに当てはまるんじゃないでしょうか。

会社や家族のために必死にがんばってきた挙げ句、多忙の反動で病気になってしまうなんて、こんな残念なことってありませんよね。

幸い僕自身は、うつになったことはありません。でも、漫画家の中には結構多いです、うつ病になる人。働きすぎも原因の一つかもしれませんけど、やっぱり生まれつきの体質や気質によるところが大きいんじゃないかという気がします。

僕の知り合いでも、いたんです、うつ病になっちゃった人。学生の頃からの知り合いで、周りに気を使う明るいいいヤツでした。漫画家どうしでバンドなんか組んだりして、結構楽しくやってたんです。

でも、ある時ちょっと様子がおかしくなった。夜中に突然バンドメンバーに電話をかけてきて、「今日のあの演奏、あれじゃやっぱりいかんだろう」みたいなことを言い始めたりする。電話をもらったメンバーは「いったいなんだ？　あいつどうしたんだ？」って戸惑ったみたいですけど、その頃からだんだん、ちょっとずつ具合が悪くなっていったんですよね。

「どうしてあんな明るくていいヤツが？」って不思議でならなかったんですけど、しようがないんですよね。性格がどうあれ、うつになる人はなってしまう。早め早めで手を打たないと、取り返しのつかないことになってしまうんですよね。

でも、じつを言うと僕もうつの心配が全然ないとは言えないんです。というのも、僕の母親も叔父も従姉妹たちもうつ病をやってたから。うちの母方はうつ家系なんです。

母親の場合、まず味がわからなくなりました。食事をしてて「料理の味がしない」って言うから、試しに砂糖と塩をそれぞれ舐めさせてみたら、「あれ？　わからない」って言うんです。

で、そのうちに物事の手順もわからなくなりました。母親が台所で鍋とインスタントラーメンを両手に持って立ち尽くしてるから、「どうしたの？」って聞くと、「これ作るの、どうやるんだっけ？　最初にお湯を沸かすんだっけ？」って言うんです。「まずお湯を沸かすんだよ」って教えましたけど、あれにはさすがにびっくりしました。その後の投薬治療で、ある程度回復しましたけどね。

だから、僕も危ないと言えば危ないんです。でも、不安とか怖いとかはあまり感じません。不謹慎かもしれませんけど、どちらかというと楽しみ。僕、ものすごく落ち込んだり不安になったりしたことがほとんどないので、うつになったらどういう気分なのか、ちょっと知りたいなという気持ちもあるんです。

そりゃもちろん、大失敗して落ち込んで反省してっていう経験は何度もありますよ。最初の結婚でつまずいた時も、どうしてこうなっちゃったんだろうってしばらくは考えました。でも、「考え込んでもしょうがない。落ち込んでいてもキリがない。とにかく前に進もう。やれることをやろう」って切り替えました。

まあ、みなさんなかなかそれができないということなのかもしれませんけど、「明日をどう生きるか」「明日のメシをどうしようか」って考えると、僕の場合わりと早く切り替えられます。くよくよするヒマがあったら次を描こうって思うと、自然と悪いことを考えなくなっちゃうんですよ。

というわけで、僕は今のところうつの兆《きざ》しは全然なし。いつ出るかいつ出るかと楽しみにしてるんですけど、この調子だとしばらくは出なそうですね（笑）。

第4章

「やらせてください」の心で生きる

料理はやりがいのある「仕事」になる

定年後、特にやりたいことも趣味もない。そういう人は、料理をやってみるといいと思います。

料理は本当にオススメです。体も動かすし、頭も使う。作ったものを人に食べさせて、喜んでもらうという成果もある。要するに、料理というのはやりがいのある「仕事」になるんです。

料理を作ろうと思ったら、まず何を作るか狙いをつけます。ネットや本を見て、何がいいか具体的に考えます。作る料理が決まったら、必要な材料を書き留めて、スーパーに買いに行きます。

で、食材を買って帰ってきたら、レシピを見ながら作ります。食材や調味料を必要な分だけ量って準備し、野菜や肉を切ります。手順に従って、お湯を沸かしたり炒めたり煮たりします。

できあがったら、器を選びます。料理を盛り付けます。家族や友人に食べてもらいます。「美味しい！」と喜んでくれれば言うことなしですし、「アレ？　なんだか微妙だな」となれば、どこが悪かったのか振り返り次回に生かします。

いかがです？　こうして書いてみると、料理ってかなりの工程がありますよね。手間ひまかかる作業だってわかりますよね。

レシピを見て作るのでなく、自分で「企画」する料理となると、さらにやることが増えます。例えば買い物に行ったスーパーで、ナスが特売だとか、小松菜が安いとか、いい山芋が安く手に入るとか、そういうことに合わせて何を作るか考えます。料理の企画が決まったら、他に何がいるか、付け合わせはどうするか、どういう手順で作るかなど段取りを考えます。

「慣れてないんだから、そんなに手際よくいかないよ」って言うかもしれませんけど、企画や段取りというのは、みなさん、サラリーマン時代にいくらでもやってきたはずですよね。あまり難しく考えず、仕事でやっていたのと同じことを、料理でもやればいいということなんです。

思い出してみてください。会社で仕事する時って、効率や手順を考えながら進めますよね。まずはこれをやって、手が空いたらこっちをやって、あれを待っている間にこれを片付けてって、頭と体を連動させながら作業しますよね。

料理も同じなんです。これを茹でている間にこっちを用意しておく。ちょっと手が空いたら使い終わった鍋やまな板を洗っておく。料理のうまい人って、調理上手なだけでなく洗い物までちゃっちゃと終わらせます。待ち時間をうまく使って、キッチンまできれいに片付けます。

中には料理が得意だと言いながら、洗い物は妻任せなんて男性もいますけど、いくら手の込んだ料理を作っても、それじゃあ料理ができる人とは言えませんよね。

それと、料理を作る時は予算も大事です。できるだけお金をかけずに、美味しい料理を作ることを考えるんです。目安としては、2000円以内で二人分の食事を作るようにするといいと思います。

ファミレスで食事すると、一人1000~1500円はかかりますよね。つまり一人分の食事代で、二人分をまかなうと考える。美味しいものを安く食べて、おまけに金銭感覚も身につくわけですから、料理は一石二鳥ならぬ一石三鳥ですよ。

人によっては、一さく何千円もする高級マグロか何かを買ってきて食べて「わあ、うまい」なんて喜んでる人もいますけど、それじゃ家で食べる意味がありません。お金をかけるんだったら、外食すればいいわけですから。

料理にまるで自信がないという人は、料理教室に通ってもいいかもしれません。包丁の使い方のような基礎から教えてくれますし、人との出会いもありますし、ひょっとすると、そこで恋も芽生えるかもしれませんし……まあ、たぶん芽生えないんでしょうけどね(笑)。

健康な体は「料理」で作れ

普段仕事場では、僕がレシピを教えてアシスタントに料理を作らせます。それだけでなく、食材を買いに行くのも僕の役目です。

「買い物なんかアシスタントに行かせればいいのに」って思うかもしれませんけど、アシスタントは料理の企画、できませんからね。メニューを考えられるのは僕しかいないので、買い出しも僕が行きます。で、スーパーに着くまでに考えるんです。今日は何を作ろうかなって。

昨日は魚料理だったから、今日は肉料理にしよう。昨日は炭水化物中心だったから、今日は野菜多めにしよう。栄養が偏らないように、海藻やキノコも入れなきゃな……

なあんて道々考えながら歩くわけです。

ちなみに、最近糖質控えめが流行ってますけど、糖質も少しは摂ったほうがいいと思います。ダイエットを考えるなら摂らないほうがいいんでしょうけど、ある程度摂らないと頭が回らない気がします。茶碗にてんこ盛りってのはまずいかもしれませんけど、せめて7、8分目くらい、やっぱり糖質は必要かなと思います。

あと、この年になったら、自分の体調に応じて食事を考えるというのも大事ですね。僕の場合、調べてみたら納豆とちりめんじゃこを多く摂るといいらしいので、最近は晩酌のアテに納豆とちりめんじゃこ料理をよく作ります。

納豆とちりめんじゃこをグリグリ混ぜて、刻みネギに生山椒なんかを入れて。たまにシソを刻んであえたりして。料理といっても混ぜるだけですけど、手軽にできて結構うまいんですよ。

それと、僕は仕事柄ものすごく目を使うので、目の疲れには気を配ります。若い頃はなんともなかったんですけど、今は原稿を1枚描くたび焦点が合わなくなるので、

10分程度小休止を入れるようにしています。根を詰めて作業すると、目も乾いちゃうんですよね。

こういう時は、コーヒーをいれたり近所を散歩したりして目を休ませるんですけど、一番効果があるのが「ネギ刻み」。長ネギや玉ネギをみじん切りにするんです。

ネギを刻むと、目がしみて涙が出ますよね。そうすると乾いた目が潤って、自然と遠近感が戻ってきます。冗談みたいな話ですけど、これ、僕の場合本当に効くんです。で、刻んだネギはタッパーに入れて夕食の味噌汁に入れる。晩飯の準備もできてドライアイ対策もできて、一挙両得でしょ（笑）。

ネギ以外に、キャベツを切る時もあります。どういうことかというと、キャベツを千切りしていると、手が動いておのずと一点を集中的に見なくなるんです。結果、目を休ませることにつながるんですよ。もちろんこのキャベツも、夕飯の付け合わせに使います（笑）。

目の運動という意味では、テレビをつけておいて、作業の合間にチラッ、チラッと見るのも効果的です。作業をしている手元と、離れたところにあるテレビ画面を交互に見るんです。そうすると、目が遠近のピント調節をしますよね。このピント調節の動きが目にいいんですよ。

「テレビなんか見てたら仕事にならないんじゃないか」って言われそうですけど、そうでもないんです。アイディアを考える時と違って、絵を描く時は頭をあまり使いませんから。テレビを見たり音楽を聴いたりしながら、ほとんど手だけで作業を進めることができるんです。まあ、サッカーやボクシングだと手を止めてじっと見入っちゃうので、この方法はダメですけどね。

僕の場合細かい作業が多いので、メガネ型の拡大鏡を使ってもいいのかもしれませんけど、まだ、一度も使ったことないんですよね。CMでよくやってる、椅子の上にメガネを置いてその上に座って「キャッ」てやるアレ。興味はあるんですけど、まだ未体験。でも、あのメガネ、体重80キロの僕が座ったら、さすがに潰れちゃうんじゃないかな（笑）。

車はただの機械、手放すことを恐れない

近年、シニアドライバーの事故が目立ちますよね。ニュースで取り上げない日はないというくらい、昨今激増しているイメージがありますけど、これはおそらく今に始まったことではなく、高齢化社会になって扱われる機会が多くなったということじゃないかと思います。

今後団塊の世代が80代になれば、さらに増える懸念もありますよね。だから高齢者には運転をさせないほうがいい、運転免許証を返納させるべきだという意見が出るのも、当然と言えば当然かもしれません。

でもその一方で、事はそう簡単ではないという気もします。

例えば、交通が不便な地域の場合、車はそこに住む人の唯一の足になります。車がなければスーパーにもコンビニにも行けず、暮らしが立ちゆかなくなるということだってありえます。農家をやっている人なんかだったら、収穫したものを運ぶことができず仕事にならないということも考えられますよね。

都会で暮らしているなら、車なんてなくたっていいかもしれません。でも、こういう人たちにとって車のあるなしは死活問題。十把《じっぱ》一絡《ひとから》げに「運転させなければいい」とはいかないわけです。

じゃあどうすればいいか。僕は免許返納を強制するより、車そのものを改善していく対策を進めるべきだと思います。

例えば、最近カー用品店なんかで売ってますよね、アクセルとブレーキの踏み間違いによる急発進を防いだり、アクセルとブレーキが同時に踏まれた場合ブレーキを優先するように働く装置。こういうのをどんどん開発して、手頃な値段で入手できるよう、政府も企業も知恵を絞るといいと思うんです。

実際、自動車メーカーもがんばってますよね。自動ブレーキや踏み間違い防止装置を搭載したサポカーを開発したり、障害物を検知したらブザーが鳴ったりアクセルを間違えて踏み込んだら加速を抑制するサポート装置を売り出したり。

東京都では、こういう装備を新たに取り付ける高齢ドライバーに対して、費用の9割を補助するという方針を出したと言います。できれば他の地域でも、こういう制度が普及していくといいですよね。

最近は自動運転技術の発達によって、居眠りやよそ見を警告したり、自動的に減速や停車をしてくれる車も登場しましたけど、ここまでやるなら、いっそ速度が60キロまでしか出ない車、なんていうのがあってもいいかもしれませんね。

でも、言うまでもありませんけど、不安があったら車の運転はやめるべきです。危ないと思ったら免許を返納したほうがいいです。あまり自覚がない人のために、免許更新時の審査も厳しくすべきだとも思います。

だって、やっぱりやりきれないじゃないですか。高齢ドライバーのミスで若い人が死んでしまうなんて。ぶっちゃけ、本人が死んでしまうのは仕方ないです。年も年だし自分が悪いわけだから。でも、巻き込まれたほうはたまったもんじゃない。残された家族は悔しくて悲しくて、本当に辛いと思いますよ。

僕自身もまだ運転をしますから、そこのところは本当に注意してます。事故だけは起こすまいと、常に心してハンドルを握るようにしています。でも、もしも危険を感じたら運転はさっさとやめるつもりです。車も車の運転も好きですけど、手放すのが寂しいなんて未練はこれっぽっちもありませんから。

団塊の世代の男たちの中には、運転ができなくなってものすごく悲しんだり、愛車を手放す時に泣いて寂しがる人もいますけど、僕は全然平気です。車に「今までありがとう」なんて言っているのを見ると、「機械に向かって何言うとんじゃ」って思います（笑）。

あの世代はみんな車大好き少年だったでしょうから、気持ちもわからなくはありませんけど、結局車はただの機械ですよ、手放すのを恐れてはいけません。

「コミュニケーショングループ」を楽しもう

カラオケ大好きな高齢者、本当に多いですよね。

僕も結構好きです。10年くらい前までは、スナックなんかに行くとよく歌ってました。今じゃすっかり歌わなくなっちゃいましたけどね。

でも、いいと思いますよ、カラオケ。思い切り声を出せばストレス解消できるし、リズム感もつくし。年をとると、だいたいテンポが遅れるんですよね。あれも老化の一種なんでしょうけど、音楽を聴いたり歌を歌ったりすると、リズム感がよくなって体調もよくなるんじゃないかと思います。

それにカラオケは比較的安価ですから、昼間に仲間とカラオケを楽しむというのは、とても健全な遊び方なんじゃないでしょうか。地方なんかだと、自宅にカラオケセットがあるという人も多いですよね。カラオケ好きの農家のオッチャンか何かがいて、みんながそこに集まってワイワイ歌って飲み食いする。こういう遊びのグループ、いいですよね。カラオケだけでなく、麻雀、ゴルフ、囲碁将棋。趣味を中心に集まる「コミュニケーショングループ」っていうんでしょうか。

趣味で何人かが集まって楽しむというのは、老化を防ぐにはとてもいいです。一人で楽しむ趣味もいいですけど、何人かで楽しむものがあればなおのことといい。人と交流するのは、絶対悪いことじゃないですからね。

僕の母校の早稲田大学の卒業生の間でも、そういうグループがあります。卒業生の集まり、稲門《とうもん》会っていうんですけど、そこでもゴルフ会とか山岳会とか、コミュニケーショングループがあるんですね。

そういうのに参加すると、新しい友達もできます。同じ趣味を通じて、同窓生どうし新たな交流を持つ。大学生だった当時は見知らぬどうしでも、同じ学校の出身だと思うと比較的打ち解けやすいんじゃないでしょうか。

　僕は仕事が忙しくて、なかなかそういう集まりには行かれませんけど、大学が主催する「ホームカミングデー」に顔を出すことはあります。

　ホームカミングデーというのは、卒業後15年、25年、35年、45年、50年目を迎える卒業生を招いて旧交を温めるイベントです。言ってみれば大規模な同窓会のようなものですけど、僕も、昨年の秋ここで卒業生代表として挨拶をしました。1000人以上（？）のOBの前で学生時代に吉永小百合さんを図書館で待ち伏せしていた話をしたのですが、あんな話でよかったのかと少し後悔してます。

　僕は仕事で講演なんかもやりますから、人前で話すのはそれほど苦でもないんですが、あんまり気乗りがしなかった。何しろ稲門会に入ったのも50歳を過ぎてからですし、「学校が主催する同窓生の会なんか誰が入るか」って、ずっと思ってましたしね（笑）。

　でもまあ、この年になってつくづく思いますけど、同窓会はできれば参加したほうがいいです。50代までは「同窓会なんて」と思っていたとしても、60歳過ぎると妙に学生時代の仲間が懐かしくなったりするもんです。僕は中高一貫校に通っていたので、そちらの同窓会に参加することもあるんですけど、学生時代の仲間って、なぜか歳月が経っても会えばその頃に戻れるんですよね。

普段は社長をやってて命令ばかりしてるヤツが、同窓会では「お前も偉くなったな」なんて頭をはたかれたり、それほど偉い役職についてないヤツが、「俺が仕切る！」とばかりに張り切り出したり（笑）。

話の内容は他愛ない思い出話ばかりですけど、昔を懐かしく思い出しながら、損得勘定抜きに語り合えるって、やっぱりいいもんだなと思います。

それに、同窓会ってポジティブな人が集まるから、だいたい明るい場になるんですよね。成功者とまではいかなくても、それなりに人生うまくいって、充実した生活を送っている人が集まってきますから。当たり前の話ですけど、会社をクビになったとか借金まみれで困っているヤツは、同窓会なんか来ないですからね。

「大人の修学旅行」を企画しよう

「大人の休日倶楽部」って知ってますか？　ＪＲ東日本がやってる、シニア層を対象とした旅を楽しむための会員制組織です。会員になると、運賃や旅行商品が割引になったり、会員限定のこだわりの旅行に参加できるなどの特典があるんですが、じつは昨年から、このキャンペーンキャラクターに島耕作が起用されたんです。

『島耕作が挑む!!　大人の休日改革』っていうキャッチフレーズで、50代の島耕作がバリバリ働きながら、「旅する大人が増えれば日本はもっと元気になる」と提案して「大人の休日」を勧めるという設定です。駅にポスターが貼られているので、目にしたことのある人もいるかもしれませんね。

この「大人の休日倶楽部」には カルチャースクール「趣味の会」というのがあって、文化・暮らし・健康・音楽など会員向けにさまざまな講座を開催しています。参加した人は講座だけでなく、集まった仲間たちと一緒に発表会やスケッチなどを目的とした旅行なども楽しむと言います。

家族や友人と旅行するのもいいですけど、同じシニアどうし、趣味の仲間と何人かで旅行するというのも楽しいかもしれませんよね。

僕も時々やるんです、知り合い何人かで行く一泊二日の小旅行。誰かが旗振り役になって、行き先はどうするか、電車はどうするか、どこに泊まってどういう旅程にするか、みんなであれこれ計画を立てる。気軽にワイワイ楽しむ旅行だから、あえて豪華なホテルや旅館には泊まらない。僕は「大人の修学旅行」って、呼んでるんですけどね。

最近だと、僕の故郷の「岩国ツアー」をやりました。

岩国に清流線というのがあって、それに乗って錦川という川を上流のほうに向かっていくんです。清流線は2両編成のディーゼル車で、錦川に沿って走っていて、車窓からそれはもう見事な渓流が見渡せます。

この美しい風景を眺めながら、終点に着くまでお弁当を食べたりお酒を飲んだりして行くわけですけど、景色はいいわ酒はうまいわで、10時前に出発して11時に到着する間に、みんなすっかりできあがっちゃいました。

中にはうまいうまいと飲みすぎて、景色を見ずに酒ばっかり飲んで、酔いつぶれちゃったヤツもいて。せめて景色くらい観ろよって言いたいですけど、ま、大人の修学旅行ですから、こういうのがあってもいいんじゃないですかね（笑）。

大人の修学旅行は、仕事がある人も多いので基本土日を使って行きますけど、リタイアしてたり時間に都合のつく人だったら、ウィークデーがいいですよね。ウィークデーだと料金も安いしすいてるので、電車も宿も取りやすい。

で、せっかくならご当地でしか食べられないものを食べたいですから、夕食は旅館ではなく外の店に食べに行きます。宿でも名物を出してくれますけど、だいたい決まりきったものしか出ないですからね。

食事のつかない安い普通のビジネスホテルに泊まって、浮いたお金でうまい飯と酒をいただいて、現地のディープな雰囲気を思い切り味わう、というわけです。

ちなみに、僕はあまり温泉は好きじゃありません。温泉宿に行っても、入らないで帰ってきちゃいます。外でしこたま飲んで宿に帰ってくるから、入りたくても危なくて入れない。朝は朝でゆっくり寝ていたいから朝湯もしない。だから温泉に行ってもあまり意味がないんですよね（笑）。

あと、大人の修学旅行は「夫婦参加」はキツイかもしれません。夫婦だとお互いに気を使っちゃいますからね。奥さんが横にいるとハメを外せないとか、旦那に遠慮してアホなことできないとか。他の参加者も、夫婦が交じっているとやりにくいこともありますしね。

夫婦で行くのなら、いっそ足並みそろえて、参加者全員夫婦ということにしたほうがいいかもしれません。

冒険を楽しむ「ぶらり一人旅」のすすめ

僕は一人旅も大好きです。観光地をめざすのでなく、目的地を決めずにあてどなく行く。何も遠くまで行く必要はありません。住んでる町の近くで十分です。旅っていうとみなさん遠くまで行くもんだと思いがちですけど、飛行機や新幹線に乗らなくたって旅は結構楽しめます。

テレビでよく「ぶらり旅」ってやってますよね。あんな感じで、電車に乗って「そうだ、ここで降りてみよう」って適当に途中下車するんです。

降りたことのない駅で降りて、その辺をぐるぐる歩いて、お寺や商店街なんかを見て回る。「これはいい」と感じた景色があったら、スマホやデジカメで撮ってみる。

うまそうなうどん屋があったら、うどんを食って帰ってくる。これだけでも、立派に旅になるじゃないですか。

要するに、一人旅を楽しむというのは「冒険」なんですよね。予備知識を持たずに行ったことのない場所に行く。知らない場所にあえて足を運ぶ。そういう意味では、電車に乗らなくたって冒険できます。

通ったことのない道を歩いてみたら、知らない住宅街があった、昭和レトロな美容室があった、雰囲気のある路地があった。何気ないことですけど、こういうのも冒険の一つだと思うんですよ。

僕も東京に住んで50年になりますけど、まだまだ知らない場所がたくさんあります。降りたことのない駅、行ったことのない地域のほうが多いくらいです。長年住み慣れた地元でも、地図を広げて見てみると、意外と限られた中でしか生活していないことに気づくのではないでしょうか。

例えば、以前東京スカイツリーが完成した時、初めてその周辺を歩いたのですが、僕が住んでいる地域とはまるで風景が異なり、すごく新鮮な気持ちになりました。同じ東京なのに、実際に歩いてみると町の雰囲気も人の感じもずいぶん違う。ひとくちに東京と言っても、かなり多様性があるもんだと改めて発見したんです。

冒険って、たぶんこういう発見がいいんですよね。いつもと違う何かを見つけてワクワクしたり、「アレ？　道に迷ったかな」なんてソワソワしたり。普段見ないものを見て、やらないようなことをやって、楽しさと不安の入り混じったような気分を体験する。これが冒険の醍醐味なんですよね。

だから、冒険しようとするなら好奇心が大事です。漫然とじゃなく、しっかり観察しながらものを見る。でないと、せっかくの風景も「なんだ、どこにでもあるただの町じゃないか」としか思えないですからね。冒険を楽しむには、ちょっとしたものでも興味を持って見てみることが必要なんです。

そう考えると、冒険は認知症予防にも役立ちますよね。家で脳トレなんかするより、よっぽど頭の体操になります。みなさん、高齢になると健康にいいからとウォーキングしますけど、ウォーキングの本来のメリットは、好奇心を持って歩くことによるボケ防止効果と言っても過言ではないのではないでしょうか。

体力に自信があるという人は、電車を乗り継いで遠くまで行くのも悪くないと思います。行き先も計画も決めずに、行き当たりばったり的な一人旅をするんです。所ジョージさんがやってる番組で「ダーツの旅」ってコーナーがあるじゃないですか。あれを真似して、ダーツを投げて当たったところに行くんです。

で、行き先が決まったら、交通手段や宿泊先を考える。車を使わず、できれば新幹線も使わない。できるだけ軽装で、普通列車やバスだけで目的地へたどり着くことを考えてみるんです。

もしかしたら、田舎の無人駅で1時間以上待たなきゃいけないとか、宿がなくて駅のベンチでゴロ寝しなきゃいけないなんてこともあるかもしれない。うーん、ちょっと覚悟がいりますけど、これぞまさに冒険。一人旅は優雅に行くより、こういうハプニングを味わうほうが楽しいんじゃないですかね。

疲れた時は「将棋ゲーム」で一息いれる

僕は時々、タブレットで将棋をやります。ゲームはほとんどしないんですけど、将棋ゲームだけは別。仕事の合間に一息いれるのに、ちょうどいいんです。というのも、将棋ゲームはあまり目を使わないから。じっと考えて打って、またじっくり考えて次の手を打つ……という感じなので、目が疲れないんです。もちろん多少頭は使いますけど、それがまた気晴らしにはもってこいなんですよね。

ちなみに、将棋ゲームには終盤戦から始める「勝ち切れ将棋」っていうのがあります。「最初からやるのはだるい」「勝敗を決するハラハラした局面だけをやりたい」という人のためのゲームモードで、僕はこの勝ち切れ将棋をよくやります。

勝ち切れ将棋には強さに応じて初心者向けから上級者向けまで7段階のレベルがあるんですけど、僕の場合下から3つ目のレベル1で楽勝、一番難しいレベル5だとボロ負け。でも、「待った」をかければ最後は勝てますし、繰り返すうちに「なるほど、こういう手があるのか」と勝てる方法を考えることもできます。これが結構楽しいんですよね。

そういえば、若い頃はゲームに夢中になった時期もありました。ゲームボーイ（任天堂の携帯ゲーム機）で麻雀ゲームもやりましたし、もっと前にはインベーダーゲームに凝ったこともあります。でも、ああいう単純なゲームはすぐに飽きます。若い人の間で流行ってる「ぷよぷよ」とか「テトリス」などのアクションパズルゲームは、画面が激しく動くので目が疲れてしまいます。ちょっとした娯楽としてやるなら、やっぱり将棋がベストということになるんですよね。

高齢者の場合、脳トレとしてゲームをやるという人も多いかもしれません。パズルだったり、クイズだったり、漢字や数字のドリルだったり。気軽に楽しみながら脳トレで認知症予防できれば、これに越したことはありません。

でも、老化予防のために頭を使うなら、やっぱりゲームよりきちんと勉強したほうがいいのではないかという気がします。今はカルチャースクールなりオープンカレッジなり、学びの場がたくさんありますから、そういうところをうまく活用したらいいのではないでしょうか。

僕の父も、70歳を過ぎてからカルチャースクールに通い出しました。何が理由かわかりませんが、能面を彫る面打ちを習い始めたのです。

そこで知り合った若い女性と手紙のやり取りなんかもしてましたから、そういう楽しみもあったのかもしれませんが（笑）、古き良き伝統に触れながら、手先を細やかに動かす作業がいい息抜きにもなったんでしょうね。イキイキとそれは楽しそうに、教室通いをしていました。

この教室通いが幸いしてか、父は認知症にならずに済んだようですが、認知症になると、「計画が立てられなくなる」という兆候が表れると言います。「やるべきこと」

と「やらなくてもいいこと」の区別がつかなくなり、やることとの順序を考えられなくなるのだそうです。

要するに、脳が老化するということは「段取りがうまくできなくなっていく」ということなんですよね。これを防ぐには、何を覚えればいいか、どうやれば覚えられるかを考える、すなわち頭を使って勉強するのが一番いいということになるわけです。

何を学べばいいかわからないという人は、英会話を習ってもいいと思います。今後も外国人観光客は増えるでしょうから、簡単な英会話を身につけておけば何かしら人のお役に立てることもあるかもしれません。

僕の知人のお母さんは、80歳の時に英会話を習い始め、いったんケガをしてやめたものの、85歳で再び英会話教室に通い始めたと言います。ケガのせいで耳も遠くなり記憶も怪しくなり、「もうこのまま寝たきりか」というところまでいってしまったのですが、習い事を再開するやイキイキとした表情を取り戻したのだそうです。

楽しい学びに勝る脳トレはない、ということかもしれませんね。

ＩＴやＡＩと仲良しになる

ネット通販、便利ですよね。友人はよくアマゾンを使います。本でも食品でも日用品でも、買い物に行かずに品物が届くんですから、使わない手はありませんよね。

でも、まったく抵抗がないかと言えばそうでもありません。何しろ僕らが若い頃は、買い物をする時は商品を見て、手にとって触れてから買うというのが一般的でしたから、最初のうちは「見ても触ってもいないものを買って大丈夫なのか？」って、思いましたよね。

実際、松下電器に勤めていた時もよく言われました。「見て触って商品の良さを実感してもらうのが商売の基本だ」と。だから当時、アメリカの通販会社がカタログ販売というのを始めたのを見て、「カタログだけで買うなんてありえないよね」と、仲間内で言い合っていたものでした。

ところが、今や実物を見ないで買うのは当たり前です。ネット通販なんて、カタログどころか世の中にあるすべての商品の中から好きに選べる。世の中本当に変わりましたよね。おそらく、そのうち配送もドローンがやる時代になるんでしょうね。今は物流もかなり発達しましたけど、まだまだ車で運ぶのが大変な地域もあります。山間の一軒家だと、品物が届くのに時間もお金もかかります。

でも、ドローンならそういう場所へも難なくものを運べます。聞くところによると、ドローンって都会より田舎のほうが飛ばしやすいんだそうです。田舎のほうが建造物が少ないから、飛ばしやすいし着陸する場所も確保しやすい。だから、過疎地や限界集落のような場所ではなおのことドローンの活躍が待ち望まれる。車を運転しない人や高齢者のためにも、ぜひ普及してほしいサービスと言えますよね。

いずれドローンが普及したら、農村の風景も一変するかもしれませんね。ドローンが飛ぶのは落下事故を避けるために道路ではなく河川の上がメインになるでしょうから、そうなると、川の上をドローンがビュンビュン飛んでるなんてことになったりするかもしれません。

まるでトンボが飛んでるみたいに、ドローンが頭上をたくさん行き交っている。奇妙というか異様というか、ちょっと不自然な気もしますけれど、通販同様それが一般的になれば、当たり前の風景になっていくんでしょうね。

中には、こういう変化に抵抗を覚える人もいるかもしれません。スーパーの自動精算機にしろスマホを使ったキャッシュレス決済にしろ、「よくわからない。ついていけない」と不安に感じている人もいるかもしれません。でも、今後は間違いなくIT（情報技術）やAI（人工知能）が日常生活で活用される時代になります。スマホやタブレットの使用が当たり前の世の中になっていきます。

だから「よくわからない」なんて言っていないで、我々高齢者も積極的に対応してかなきゃいけません。メールだのラインだの、僕も初めは「面倒臭いな」と思ってま

したけど、使ってみたら案外便利で悪くない。こういうものはとにかく、嫌がらないで使いこなすに限ると思います。

ただ、僕はツイッターとかインスタとか、いわゆるSNSというのは全然やりません。「自分の近況を人に知らせて何の意味があるんだ」と思いますし、そもそも忙しくてそんなことをしている時間がありません。

ラインのメッセージだけはチェックしますけど、それも1日1回くらいしか見ません。音を消しているので、着信があったことにも気づきません。「きちんとチェックして」と周囲からは言われますけど、消音しておかないと、ピコピコうるさくて仕事にならないんですよ。

最近は政治家も大統領もよくSNSをやってますけど、思うに、彼らはヒマなんじゃないですかね。本当に忙しかったら、あんなものやってるヒマありませんよ。僕もヒマができたらやるかもしれませんけど、まあヒマができたら仕事を探しちゃうから、結局やらないだろうな、ツイッターもインスタも。

紳士は公共の水回りを美しく使う

僕はお金にしろ時間にしろ何にしろ、無駄遣いをするのが嫌いです。

例えば、使っていない部屋に電気がついていると他人の家でも消したくなります。自分が電気代を払うわけじゃないですけど、やっぱり消さずにはいられない。なんとなく、日本全体のためによくないんじゃないかと思っちゃうんですよね。

人の家でさえこんな調子ですから、自分の家はなおのこと気になります。冷蔵庫を開けっぱなしにして「ピーッ！」っていう音が鳴るとイヤな気持ちになりますし、お風呂の保温も追い焚きも「もったいない」と思ってしまいます。

今はお風呂も自動で沸きますけど、一昔前までは自分で湯加減しながら沸かしてま

したよね。あの当時、お風呂を沸かしすぎて熱々にしちゃって、お湯を捨てて水でうめてっていうのを時々やらかしてたんですけど、こういう時、本当に自己嫌悪でした。水とガス、両方を無駄にしちゃったってことですからね。

何もお金がもったいないという意味じゃないですよ。金額にしたら、たぶん10円、20円の話です。僕が言いたいのはそういう問題じゃなく、お湯を無駄に捨てたことに罪悪感を覚えてしまうということなんです。

こういうの、貧乏性っていうんでしょうね。余裕がないとかケチくさいとか、そういうふうに思う人もいるかもしれません。「お金があるんだろうから、そんなに貧乏性にならなくたっていいだろう」と言われちゃうかもしれません。

でも、僕はお金があろうがなかろうが、みんなが使うものを湯水のように使っていいとは思いません。だって、お金があるからって水や電気を好きに使ったら、いずれ不足してなくなってしまいます。自分が無駄な消費をしたせいで、困ったことになる人が出てくるかもしれません。

誰も彼もが無駄な消費をやり出したら、世の中がひどいことになってしまう。個人個人が心がけなければ、いずれ全体に悪い影響が出てしまう。そう考えたら、限りあるものを無駄遣いするのは、やっぱり世間に対して申し訳ないことと言えるんじゃないでしょうか。

別に環境意識を啓発したいわけでも、道徳心を持てと言いたいわけでもありません。ただ、公共のことを考えたらやっぱり無駄はよくない。できる範囲で世間のためになることをやったほうが、何より自分が気分よく生きられると思うんです。

例えば、僕は時々自転車でスーパーに買い物に行くんですけど、自分が駐輪した場所の近くで自転車が倒れていたら、だいたい起こして回ります。倒れているものをそのまま放っておくというのができません。「ついでにやっとくか」という感じで、気づいたものはやらずにはいられないんです。

ゴルフ場などのトイレに入った時も同じです。洗面台の周りに水が散っているのを見たら大概拭きます。イヤイヤやるんじゃなくて進んで拭きます。水はねとか汚れと

か、そういうのを拭き取るの大好きなんですよ（笑）。

ちなみに、会社のトップになる人ってきれい好きな人が多いです。名門ゴルフ場のトイレなんかに行くと、みなさん拭いてるんですよ。社長さんや会長さんと思《おぼ》しき方々が、水はねをこう、きれいに拭き取ってるんですよね。

そういう方って、たいていビジターでなくメンバーなんです。自分たちの場所は自分たちできれいにしようという意識が身についているから、トイレの水回りもきれいにしようとする。まあ中には全然気にしない人もいますけど、きれいにしている人と比べるとやっぱり野暮に見える。要するに本物の紳士というのは、公共の水回りも美しく使うということなんですよね。

僕の場合、きれいにするのが好きだから思わず拭いちゃうって感じでしたけど、あ あいう方々のふるまいを見ると「見習わなきゃな」って素直に思います。公共のものを無駄にしないできれいに使って、いつか紳士のお仲間入りができたら、こんなに素敵なことってないですからね。

掃除も料理も「やらせてください」の心でやる

「水回りをきれいにするのが好き」という話をしましたけど、これ、きれい好きというより、おそらくじっとしていられない性分なんだと思います。

テーブルの上が散らかってたら片付けたくなりますし、玄関に靴が散らばってたらそろえずにはいられません。なんていうか、思い立ったらすぐ動きたい。動いていないと息が詰まっちゃう。泳いでいないと窒息死するサメやマグロみたいなもんですよね（笑）。

本当は片付けも靴をそろえるのも、アシスタントにやらせたり、散らからないようみんなに注意したりとかしたらいいんでしょうね。でも、うるさいオヤジだと思われたくないから言いません。他人に強制せず、自ら進んでやってます。いちいち注意するより、自分でやっちゃったほうが早いですしね。

それに、僕はわりあい細かいところがあるんです。包丁やグラスは洗うだけでなく曇りが出ないよう磨きますし、テーブルを拭く時も水拭きした後に乾いた布巾でもう一度拭き取ります。でないと、本当にきれいにならないんですよ。

例えばほら、革靴の手入れをする時って、クリームやワックスの後、乾いた布で2回くらい磨くじゃないですか。グラスもテーブルもあれと一緒で、乾いた布で仕上げたほうがピカピカになるんです。

ちなみに、僕は自宅だけでなく、外食に行ってもテーブルを拭きます。いつだったか、子どもがまだ小さい頃にファミレスに行ってテーブルを拭いたら、うちのカミさんに「テーブルを拭く夫」ってエッセーか何かに書かれちゃって（笑）。ま、なんと言われようと、僕は好きで拭いているから気にしませんけどね。

あと、細かさということで言うと、僕はトイレで用を済ませたら、次の人がスリッパを履きやすいように、後ろ向きでそろえて出るようにしています。そうしたほうが使いやすいし気持ちもいいだろうと思うんです。スタジオで僕がやってても、誰も真似しようとしませんけどね。

おそらく、みんなそういう細かいところまで気が行かないんでしょうね。それとも、僕がきれいにしてくれるから任せときゃいいって思ってるのかな（笑）。ま、だとしてもイラついたり腹が立ったりはしません。しぶしぶやらされているっていう義務感はないですから。

というか、僕の場合むしろ「俺にやらせてくれ」って感じなんですよ。何しろ動いてないと死んじゃう回遊魚だから（笑）、人の分まで動きたくてしょうがない。それに、自分で言うのもなんですけど、僕は手先が器用でなんでもできちゃうんです。

例えば、みんなでキャンプなんかに行くと、晩飯のための火起こしは僕がやります。あれって簡単そうに見えて案外コツがいるんです。誰にでもできるっちゃできるけど、僕がやるのが一番早いんです。

で、もちろん料理も僕がやります。何しろ料理は僕の領分ですから。料理に関してはもう、「俺がやらなきゃならん」「いや、お願いだから俺にやらせてくれ」「俺にやらせてください」って言いたいくらい（笑）。無理してやる必要はありませんけど、「やらせてください」っていう気持ちで何かができるのって、幸せなことなんじゃないでしょうかね。

それに、積極的に体を動かすのは健康にもいいです。手足や指先をこまめに使うのはボケ防止にもなります。そう考えたら、動くっていうのはじっとしているより得なことが多いはずです。

実際、僕はサラリーマンをしていた当時、よく動いていたおかげで女子にモテてましたよ。なんでかって言うと、早めに出社して女子と一緒に電話を拭いたり灰皿掃除をしたりしてたから（笑）。「情けは人の為ならず」とか「早起きは三文の得」って言いますけど、何事も積極的に「やらせてください」の心でやったほうが、返ってくるものも大きいのだと思います。

第5章
最後は孤独に、死んでいきたい

「毛玉のついたセーター」を着るお金持ちはカッコイイ

ソフトバンクの孫正義《そんまさよし》さんと、ゴルフをご一緒したことがあります。孫さんと言えば、誰もが知る日本一の実業家、お金持ち中のお金持ち。用具もウェアも、さぞピカピカなものをお使いだろうと想像していました。

ところが、なんと孫さん、お召しになられていた黒いセーターに毛玉が……。カシミアか何かいいものだと思うんですけど、結構年季の入ったセーターだったんですよね。

でも、孫さんの毛玉を見て改めて思いました。やっぱり孫さんは大物です。だって普通は「毛玉なんかみっともない」「お金があるならいいものを着よう」って見栄を張りたがる。自分をよく見せたくて、服やアクセサリーにやたらお金をかけたがるお金持ちも多いですよね。

でも、孫さんレベルともなるとまるで逆。毛玉ができたから新しく買い換えようなんて、そんなケチくさいことは考えない。毛玉を気にするヒマがあったら、新しい事業プランを考える。高級なウェアを買うより、次の事業に資金を回すことを考える。「お金があるからいい服を着よう」という発想が、もはやないんですよね。スケールが違うというか器がでかいというか、こういうお金持ちって、やっぱりカッコイイなあと思います。

ちなみに、ユニクロの柳井正《やないただし》さんともご一緒したことがありますけど、やっぱり着ていらっしゃいましたね、ユニクロの服。社長だから当たり前なんでしょうけど、リーズナブルなユニクロのアイテムをさらっと着こなしてて、高級品にこだわってないとこがこれまたカッコイイ。

たぶん、柳井さんも孫さんと一緒で、買い物なんかしてるヒマがあったら事業のことを考えたいというタイプなんでしょうね。お金はもうたくさんあるから、お金にもモノにもあまり興味がない。消費するより建設的なことにお金を使おうとする。孫さんや柳井さんのように、モノやお金に執着しなくなって初めて、本当のお金持ちと言えるのかもしれないですよね。

まあ人間ある程度の年になれば、執着も物欲も減ってきます。食欲も性欲も、自然と衰えてくるのが普通かもしれません。

でも一方で、お金やモノを手放したくない、今あるものを失いたくないという恐怖感のようなものにとりつかれやすいのも年寄りの大きな特徴です。収入、権力、地位に必死にしがみつこうとしてしまうのです。

例えば、一度社長の座に就いたらなかなかやめようとしない社長がたくさんいます。会社を存続させていくには、本当は5、6年のタームで交代するのがちょうどいいんですが、いったん手にしたものを手放したくないがために、10年も20年も続けようとしてしまう。そのせいで、才能のある人が社長になれずに終わってしまい、結果的に会社が衰退してしまうわけです。

こういう悪循環は、はっきり言っていいこととは思えません。どれほど敏腕でも、組織のためを考えて自らの執着を断つのが賢い経営者だと僕は思います。

島耕作も、5年で社長を辞めました。会長も5年で辞めて、相談役に変わりました。本当はもっと関わりたかったけど、島は一サラリーマンとして会社のことを思う男だから、権力にはしがみつくことはしなかった。

理想を描いただけと言われてしまえばそれまでですけど、僕は島耕作を通して、人間のあるべき身の処し方を表現したいと思ったのです。

僕は一漫画家ですから、権力にしがみつくような世界とは無縁です。自分の跡を誰かに継いでもらいたいという気持ちもまったくありません。お金やモノに全然執着しないとは言いませんけど、できれば孫さんを見習って、毛玉のついたセーターで悠々とゴルフを楽しめる人になりたいと思っています。

あるいは孫さんと柳井さんのハイブリッドで、毛玉のついたユニクロのセーターを着て、死ぬまで忙しく漫画を描いていたいですね（笑）。

寂しい人ほど儲け話に引っかかる

僕は株や投資には全然興味がありません。今後するつもりもありません。一度銀行に勧められて投資して、ものすごい損をしたことがあるからです。

今思い返しても、本当にバカなことをしたと思います。

「これだけのお金を遊ばせておくのはもったいない。ぜひこれを運用しましょう。リスクはほとんどないですから」

そう言われて、あまり深く考えず提案に乗ってしまったのですが、その直後になんと株価は大暴落。原因は、リーマンショックとそれに続く東日本大震災。勧められて買った株が大きく下落し、6割近くものお金を失うことになったんです。さすがの僕も、これにはしばらく落ち込みました（と言っても1週間くらいで立ち直りましたが）。

だから、株だの投資だのには手を出さないほうがいいと思います。経済活性化政策の一環で政府が「投資しましょう」みたいなことも言ってますけど、あれも本当に気をつけたほうがいい。リスクがあるということを忘れちゃいけません。

特に、大事にしてきた虎の子は絶対に手放したらダメ。500万とか1000万くらいの貯金なんて、簡単になくなってしまいます。「自分はしっかりしてるから大丈夫」とタカをくくってると、とんでもない目に遭うことだってあります。

というのも、悲しいかな、年をとると騙されやすくなるんです。理解力も判断力も鈍るし、ましてや年金暮らしともなれば、将来への不安から「もっとお金を」という欲も出る。それが命取りになって、うまい話にコロッとやられてしまうわけです。

それに、最近は勧誘の手口も巧妙です。金利が1割だとか2割だとか言って、最初のうちは約束通りの額を返してくる。で、うまくいったと思わせたところでもっと多額の投資を勧めてくる。でも、投資額を増やした途端どんどん金利が下がって、気づいたら貯金がすっからかんということになるんです。

あるいはこういうのもあります。最初に預金がいくらあるかを聞き出して、「3000万」と言ったら「じゃあ1500万にしておきましょう」とわざと少ない額を提示する。そうやって信用させておいて、残りの額も徐々に投資させるように誘導する。言葉巧みにやられるから、騙されていることにもなかなか気づけないんですね。

ただ、高齢者がこうした投資に引っかかってしまう背景には、「一人が寂しい」という思いもあるような気がします。話し相手がいなくて寂しいところに、話を聞いてくれる人がやってくると、つい嬉しくなって相手の口車に乗ってしまうのです。

例えば、僕の友人の母親は、友人が気づかないうちに十何本もの保険に入れられてしまい、数千万円の預金がすっかりなくなってしまったと言います。ある時、保険会社から友人宛てに「引き落としができない」と連絡があり、そこで初めて母親が十何本もの保険に入っていたことに気づいたのだとか。

慌てた友人は母親に事の次第を説明し、「もう絶対に契約したらダメだよ」と伝えたそうですが、当の母親は「でもあの人はいい人だよ。お菓子を持ってわざわざ私のところに話しに来てくれるんだから」とかばうようなことを言うのだそうです。

たまにしか連絡をよこさない我が子より、週に一度話をしに来てくれる詐欺師のほうが天使に見える。切ない話ですけど、寂しい人ほど儲け話に騙されやすいってことなんですよね。

じゃあ、こういう詐欺の手口に騙されないためにはどうすればいいか。なかなか難しい問題ですけど、子どもがいるいないにかかわらず、老後は経済的にも精神的にも自立することが第一歩だと思います。

投資なんか当てにせず、預金計画をきちんと立てる。我が子が頼りにならないなら、困り事を相談できる信頼に足る人を探しておく。そうやって不安や寂しさを解消できる年寄りになることも、立派な自立と言えるのではないでしょうか。

詐欺から身を守る「セーフティネット」を作っておこう

高齢者をターゲットにした振り込め詐欺も、最近すごく巧妙化しています。有名企業や法人などの名を騙《かた》って、脅迫まがいの文書を送りつけてくるんです。

実際僕の知人女性のところにも、裁判所を装ったハガキが送られてきました。しかもそのハガキには、ご丁寧に政府の紋章まで印刷してありました。

送り主は「地方裁判所管理局」、用件は「特定消費料金訴訟最終告知のお知らせ」。内容は、「契約不履行による民事訴訟の訴状を出した。期日が来たら訴訟を開始する。連絡がなければ財産を差し押さえる」というもの。

で、そこには「裁判取り下げのご相談」の問い合わせ先が書かれてあって、電話すると弁護士を紹介されて、「訴訟を取り下げるにはこの金額が必要だ」と説得される。何が何だかわからないまま、言うなりにお金を振り込まされる羽目になる……極めて悪質な犯罪ですよね。

こういう場合、警察なり役所なりに相談するか、身に覚えがないと放っておくのが一番なんですが、これがなかなか難しい。

何しろ、ハガキには「裁判所」だの「訴訟」だのという厳《おごそ》かな文字と、どでかく印字された政府の御紋。こんなもっともらしいハガキを送りつけられたら誰だってビビります。自分が何かとんでもないことをしでかしてしまったのではないかと不安になります。ましてや一人暮らしのおばあちゃんだったら、「とにかく電話しなくちゃ」となってしまうのも致し方ない話ですよね。

事実、このハガキを受け取った女性も最初はびっくりしたと言います。「私、何かやっちゃったかな」と電話で確認しそうになったと言います。

でも、彼女は幸い被害者にはならずに済んだ。なぜかと言うと、自分で何とかしようとする前に、「こんなのが来たんだけど、なんだと思う？」と日頃から付き合いのある麻雀会の仲間に相談したからです。

この麻雀会の人数は50人ほど。仲間内には企業経営者、弁護士、理学療法士などさまざまな職業の人がいて、ラインでメッセージを送ればその道に詳しい人が何らかの情報を教えてくれる。今回も仲間の一人が「それは無視して大丈夫」と教えてくれたことで、危うく難を逃れたわけです。

こういう会は深く付き合う人生の友って感じではありませんが、そのあっさりしたつながりがまたいいんです。麻雀やりながらバカ話して盛り上がって。こういう気を使わずにゆるっと話せる身近な仲間って、案外大事だと思うんですよね。

もちろん、麻雀仲間でなくてもいいんです。バンド仲間でも趣味の仲間でも何でもいい。みんなで一次産業をやって、農業仲間になるというのもいいかもしれません。共同で田舎に田畑を借りて、そこでほうれん草やらキャベツやらを作って収穫して、みんなで食べたり家族に持って帰ったりするんです。

僕はこう見えて、もともと田舎育ちだから農業には結構詳しいです。例えばキャベツってどうやって大きくなるか、知ってます？　あれはいったん開いた葉がどんどん中に巻き込まれていって大きくなるんです。

だから道路沿いの畑のキャベツって、割ると中が埃だらけ。埃を拾って巻き込んでいるから、きちんと洗って食べないとダメ。地方の農家の出身の男なんかは、こういう知識も豊富だろうから、農業をやるといいと思うんですけどね。

こんなふうに、何かしら知恵を使えば面白いこともできるしお金も稼げます。経験と人脈を生かせば、詐欺から身を守ることにもつながります。こういう仲間がいれば、家族がいなくても一人暮らしでも、いざという時のセーフティネットになるんじゃないでしょうか。

親の死を「メルクマール」に

第2章でも話しましたけど、僕の母親は今施設で暮らしています。97歳です。これといった病気もなく、どこかが痛いとか苦しいということもなく、一日中うつらうつらしながら暮らしています。

もちろん意識はあります。話しかければ答えることもあります、でも、会うたびにだんだん遠くに離れていくような気もします。記憶も明らかに曖昧になってて、僕のこともなんだかよくわからなくなりつつあるようです。

だって、64ページで書きましたけど、2、3ヶ月前に訪ねた時は、母親の中で僕は「日本を転覆させる革命家」ということになっていたのに、今回は「お前は誰だ」みたいな顔で僕をじっと見るんですから。

で、「おふくろ、憲史だよ、憲史憲史」って話しかけたら、「憲史。あれは死んだ」なんて言う。「俺はまだ生きてるよ、生きてここにいるよ」って返しても、「あれは死んだ」の一点張り。

「死んでないよ、ほら、これは憲史でしょ」って自分を指差して言ったら、今度は「これはもう一人の憲史」なんてわけのわからないことを言う。革命家になったり憲史が二人になったり、母親の妄想を聞いてると、本当面白いですよ（笑）。

でも、しばらく一緒にいると、おぼろげながら記憶が蘇ってくるんですかね。僕が「じゃあ帰るからね」と言ったら、僕の手をぎゅっと握りしめて「死ぬ時は一緒に行こうね」って言うんです。

なんていうか、やっぱり寂しいんですかね。死が近づいてて、家族と離れて一人でこの世を去らなきゃいけないっていうことが、そこはかとなく不安で心細いのかもしれません。そばにいた姉に「わかったわかった、一緒に行くから」って言われて、ちょっと安心したふうにも見えましたしね。

もっとも、少し前まではそんなに弱気な感じでもなかったんです。「早く死にたい」「生きとっても一つも面白うない」なんて投げやりなことを言ったりして。「そういうわけにはいかないから」って話しても、「早く死にたい、殺してくれ」って無茶を言って僕らを困らせたりしてたんです。

おそらくこういう状態になると、意識が朦朧《もうろう》として考えがあちこち飛んで、その都度思うことも変わってくるのかもしれません。若い頃はすごくしっかりした母親だったんですけど、人はこうも衰えていくんだなあってつくづく思いますよね。

でもまあ、なにしろ97歳ですから、こうなるのも当たり前と言えば当たり前。このままいくとたぶん老衰コースでしょうから、決して悪い死に方はしないだろうと想像してるんですけどね。

ちなみに、僕の親父は88歳、親父の弟は93歳で亡くなりました。どちらも長寿の部類に入ります。だから僕も長生きできるとは言いませんけど、やっぱり肉親の死を自分の死の目安というか目標というか、メルクマールにするところはあります。とりあえず親の年齢を超えたら、まあいいんじゃないかと思います。

ところで僕の義理の兄は、これも前に63ページで書きましたけど、ガンで余命3ヶ月と言われて家で暮らしていました。年齢は僕より10歳年上の81歳ですが、彼は「だいたい日本人の平均寿命まで生きたから、まあいいや」と言っていました。

でも、僕としてはできるだけ長生きしてほしいから、義兄には「2020年のオリンピックまではがんばろうよ」って言いました。目標を設定して、それを少しずつ延ばしていこうって言ったんです。「オリンピックまで行けたら、今度は大阪万博までがんばろう」と勧めたら、「万博は2025年や。いくらなんでもそら無理や」って笑ってましたけどね。

弘兼家はガン家系ではないので、僕もおそらく親父やおふくろのように死んでいくんじゃないかと思いますけど、おふくろのほうに似たら、最後は何か面白い妄言を言いながら死ぬことになるんですかね（笑）。

「辞世の句」は何にする？

僕の高校時代の恩師が、亡くなる直前、こんなことを言ってました。「自分はもうすぐ死ぬけど、死ぬ瞬間自分がどういうふうになるのか、ちょっと楽しみだ」

僕もこの考えと一緒です。たぶん、もうすぐ死ぬという時が来たらそういう気持ちになると思います。誰だったか忘れてしまいましたけど、似たようなことを言っていた人が他にもいたような気がします。

「死ぬ瞬間というのは、これまでにまだ一度も体験したことがない。自分は今からそれを体験できる。これは楽しみでしょうがない」。この言葉は確かその人の辞世の句だったと聞いた覚えがありますけど、日頃からこういう気持ちでいたら、死への恐怖感も少なくなりそうですよね。

僕なんかは、「死んだら本当に幽体離脱するのか」とか「天井から死んでいる自分の姿を見ることができるのか」なんてことを考えたりもします。こういうことをあれこれイメージすると、あの世に行くのもちょっとワクワクするじゃないですか。

最近もガンの末期で病床にいた義兄とそういう話をしたんです。「やっぱり三途の川ってのがあるんだろうか」「でも、外国ではお花畑だよな」「アマゾンの近くに住んでいる人は川じゃなくて森の上をふわっと飛ぶらしいぞ」「じゃあエスキモーの人はどうなんだ」なんてことを二人でとりとめもなく話し合ったんですけど、国や人種によって違う体験をするとしたら、これはこれで興味深いですよね。

でも、実際に死ぬ時って、たぶんもっとあっけないと思います。何も見ないし、何も感じないだろうと思います。どうしてかというと、僕、学生時代に一度死にかけたことがあるんです。

まだ実家で暮らしていた時の話です。しこたまお酒を飲んで帰ってきて、何も考えずに熱々の風呂に入ったら、その瞬間にクラッときて、そのまま風呂場で気を失ったんです。幸い意識を取り戻しましたけど、倒れる瞬間、「いかん、これはもう死ぬかな」という感覚を確かに体験しました。

ただ、残念ながら三途の川もなければお花畑もなし。倒れている自分を上から見下ろす幽体離脱体験もなし。体中がダーッと弛緩して、あとはもう何もない。たぶん一気に血圧が下がって卒倒したんだと思いますけど、死ぬ瞬間というのもきっとあれに近いんじゃないでしょうか。

ちなみに僕の場合、気づいたら風呂場でダップンしてて、顎を切って辺りが血だらけになってました。大したケガではなかったので、病院に担ぎ込まれるような騒ぎにはなりませんでしたけど、この時もしも死んでたら、僕は血だらけクソまみれのまま、何の言葉も残せずに死んでたんでしょうね（笑）。

でも、そう考えると、やっぱり最後に何か一言残したいですね。何でもいいから、辞世の句のようなものをポロッと言って死ねたらいいと思います。みんな、どんな辞世の句を残しているのでしょうか。

有名なのは、ゲーテの「もっと光を」ですよね。音楽家のベートーベンは「喜劇は終わった」、印象派の画家ルノワールは「パレットをよこしてくれ」。こうして見ると、みなさんそれぞれの生き様にふさわしい辞世の句を残してますよね。

日本人で見てみると、坂本龍馬がすごいです。彼は刺客に襲われて、額をザックリ横に切られたのが致命傷で死ぬんですけど、この時頭から脳漿《のうしょう》がどろっと出て、「俺は脳をやられた、もうだめだ」と言い残してこと切れるんです。維新の英傑らしい、なんとも壮絶な辞世の句ですよね。

翻って、僕はなんて言って死ぬんでしょうか。やっぱり「まあ、いいか」ですかね。それともちょっと色をつけて「まあいいか、人生こんなもんだろう」のほうがカッコいいかな。最後を迎える瞬間のために、何か印象に残る辞世の句を考えておくといいんでしょうけど、最後はろれつが回らなくて、ムニャムニャ言いながら逝くのかもしれないな（笑）。

ペンを片手に一人ひっそり死んでいきたい

僕は仕事大好き人間です。漫画を描きながら死ぬのが理想です。藤子・F・不二雄先生のように、机に突っ伏して鉛筆を握ったまま死ねたら本望だと思っています。あるいは永井荷風みたいに、部屋で一人鍋をつつきながら酒を飲んで、そのままボテッとひっくり返って死ぬのもいいかもしれません。酒を飲みながらだと中途半端で締まらない気もしますけど、ま、それはそれで悪くないです。病院でチューブにつながれて死ぬより、突然コロッと死んだほうが、「漫画家大往生!」みたいな感じでカッコいいじゃないですか(笑)。

一番避けたいのは、子やら孫やらひ孫やらに囲まれて死ぬことですね。家族に見守られながら「おじいちゃん！」って感じで幸せそうに見送られるって、僕はそういうの、ちょっと苦手なんですよ。

たぶん世間一般では、こういう死に方をよしとするんでしょうね。家族がしめやかに集まって、病床のじいちゃんばあちゃんにお別れをして、温かく見守られながらこの世を去る。それが人として一番の死に方だと思っている人も少なくないんじゃないかと思います。

だけど、僕はどうもこういう死に方はダメです。みんなが見守る中でっていうのがどうにもしっくりこない。できれば誰もいないところで、人知れずひっそりと死んでいきたい。世の多くは孤独死を忌み嫌いますけど、僕からしたら孤独死は嫌いどころかむしろ理想なんです。

そもそも死ぬ時は人間一人ですよ。どれだけ周りに人がいようが、あの世へ行く時は自分一人。一人だろうが人がいようが、結局死というのはすべてが「孤独死」なんじゃないでしょうか。

そりゃ、家族から見捨てられてボロボロになって悲惨な死を遂げるのは、できれば避けたほうがいいです。誰にも発見されず腐乱死体で見つかるというのも、人に迷惑をかけるのでいいとは言えない。そういう極端な孤独死はむろん避けたほうがいいに決まってます。

でも、そうでないなら、孤独死はそんなに怖がる必要はないと思います。家族に看取られないのは寂しい死に方だなんて思うこともありません。だいたい今は一人暮らしの高齢者が激増してますから、そのうち孤独死が当たり前という時代になってくるんじゃないですかね。

政府の統計によれば、孤独死の死者数は年間3万人、それに伴い現場の後片付けを請け負う特殊清掃の需要も増えていると言います。こういうニュースを見聞きすれば「孤独死は怖い、惨めだ」と身構えるのももっともかもしれません。

でも、生きるも死ぬもその人次第。生も死も同じ人生の地続きだと考えれば、どう生きたかがどう死ぬかに結びつくことになる。結局僕らにできることは、どう死ぬか以前に、残された今をどう生き切るかということなんじゃないでしょうか。

僕の場合、今を生きると言えば、やっぱり漫画を描くことです。じつは僕、今やりたいテーマがあって、ちょっと前から資料集めをしてるんです。東大寺南大門の金剛力士像を作った鎌倉時代の仏師・運慶と快慶の話です。

運慶も快慶も相当な才能の持ち主で、仏像制作になくてはならない人物なんですけど、快慶は言ってみれば律儀にきれいな絵を描く秀才、運慶は殴り書きでも素晴らしい絵を描く天才で、両者を比べたら圧倒的に運慶に軍配があがる。そういう二人がどうやって偉大な仕事を成し遂げたのか。史実を追う歴史物でなく、それぞれの人生を描いた人間ドラマにしたら面白いんじゃないかと思ってるんです。

ま、最近年のせいか資料を読むのも面倒臭くて、ちょっと創作意欲が失せそうで、編集者に「やる気を出してください！」ってお尻を叩かれているような状態ですけど、こんな調子でネームを考えたり絵を描いたりしながら、ペンを片手にガクッと逝けたら、やっぱりそれが最高の死に方だと思います。

弘兼憲史

ひろかね・けんし

1947年、山口県岩国市生まれ。早稲田大学法学部卒業。在学中は漫画研究会に所属。70年、松下電器産業(現・パナソニック)に入社。のち、漫画家として独立するために退社。74年漫画家としてデビュー。その後、『人間交差点』で小学館漫画賞、『課長島耕作』で講談社漫画賞を受賞。2000年、『黄昏流星群』で文化庁メディア芸術祭マンガ部門優秀賞、03年に、日本漫画家協会賞大賞を受賞。その作品は、深い洞察をもって、人間や社会を描くエンターテインメントとして高く評価されている。07年には紫綬褒章を受章。著書に『50歳すぎたら、「まあ、いいか」「それがどうした」「人それぞれ」でいこう』『知識ゼロからのワイン入門』(ともに小社刊)などがある。ワインにも造詣が深い。